本书获得国家自然科学基金青年科学基金项目"人民币国际化'三元相平衡'下汇率动态与货币能值测控研究"（项目批准号：71203152）、中国社会科学院金融研究所重点研究课题"供给侧结构性改革视角下人民币汇率问题研究"资助

人民币国际化、金融开放与汇率动态

RMB Internationalization, Opening Up in the Financial Sector and Exchange Rate Dynamics

林　楠／著

经济管理出版社
ECONOMY & MANAGEMENT PUBLISHING HOUSE

图书在版编目（CIP）数据

人民币国际化、金融开放与汇率动态/林楠著.—北京：经济管理出版社，2017.3
ISBN 978 - 7 - 5096 - 4703 - 5

Ⅰ.①人…　Ⅱ.①林…　Ⅲ.①人民币—国际化—研究　②金融开放—研究—中国　③人民币汇率—汇率波动—研究　Ⅳ.①F822②F832.0③F832.63

中国版本图书馆 CIP 数据核字（2016）第 259188 号

组稿编辑：宋　娜
责任编辑：宋　娜
责任印制：黄章平
责任校对：王淑卿

出版发行：经济管理出版社
　　　　　（北京市海淀区北蜂窝 8 号中雅大厦 A 座 11 层　100038）
网　　　址：www. E - mp. com. cn
电　　　话：(010) 51915602
印　　　刷：北京晨旭印刷厂
经　　　销：新华书店
开　　　本：720mm × 1000mm/16
印　　　张：14.25
字　　　数：209 千字
版　　　次：2017 年 3 月第 1 版　　2017 年 3 月第 2 次印刷
书　　　号：ISBN 978 - 7 - 5096 - 4703 - 5
定　　　价：88.00 元

前　言

　　面对当前国际货币体系缺陷和中国大国崛起涉外经济金融发展诉求，人民币国际化迎来前所未有的广阔前景。2014 年 12 月召开的中央经济工作会议首次明确"稳步推进人民币国际化"，明确了人民币发展战略目标。进入 2015 年下半年，央行有关的各项政策改革相继加速落地，其中以下关键词贯穿于人民币国际化进程：资本项目可兑换、汇率市场化、利率市场化、宏观审慎政策。2015 年 11 月 30 日，国际货币基金组织（IMF）执董会决定将人民币纳入特别提款权（SDR）货币篮子。"十三五"期间，中国需要更加积极地利用合理的货币汇率实现人民币的崛起和经济可持续增长。伴随人民币国际化货币环境条件的改变，人民币汇率将从短期波动向长期均衡区间收敛。理论上，这涉及短期（周期）分析、长期（增长）分析和连接长短期的路径指示分析。

　　对于大国经济，在满足市场主体足够多的条件下，对于某些重要的指示向量，如微观层面具有不同风险偏好的个体其不同方向的货币选择，就微观行为力量而言，在市场交互过程中可能会相互抵消，从而最终表现为大国经济整体上某一行为方向的净效果。这种抽象类似于物理中质点的概念，可称为"宏观金融质点"。在此基础上，可以针对宏观金融质点进行不同货币状态下的动态特征分析。对于货币，其本质究竟是什么？从根本上可以说，货币既是能量的一种储备形式，又可作为投入产出的度量，并且具有集结各种生产要素从而启动社会生产的能力。正如马克思在《资本论》中所概括的,货币是"第一推动力",并且伴随社会经济复杂性不断增强,需要以指数增加的货币的支持。正因为货币具有集结各种生产要素从而启动社会生产的能力,所以,从货币的"价值储藏"职能出发,货币不但是能量存储载体,货币状态还对应着一定能量状态(主要是指实体经济潜在产出的增长)。对于汇率动态,其不仅包括汇率水平走势、汇率弹性波动,也包括伴随经济体制改革和货币制度优化不同时期以时间贯穿起来的汇率动态演进。改革开放以来,人民币汇率经历了单边走势"从贬到升"、双向波动"从小到大",市场化形成"渐进主导"的动态演进。实际上,研究改革开放经济起飞以来人民币汇率演变,难点不在于对其某个侧面和某个阶段特点提出互不关联的解答,而在于对其主要侧面和各个阶段表现进行首尾连贯的分析,对其历史表现、现实状态和未来趋势提出逻辑一致的解说。

在人民币国际化与金融双向开放大背景下,伴随人民币跨境使用不断提升,经常账户和资本项下跨境交易日渐频繁,人民币汇率的灵活性增强,汇率作为货币政策名义锚的作用下降,作为隔绝外部冲击的缓冲器和货币政策工具作用相应增强,汇率政策在中国货币政策中的作用问题将成为未来中国货币政策框架演变的核心问题。从经济分析看,如何将长期和短期开放经济宏观经济分析结合,把经济增长与经济周期纳入一个完整的理论框架之中?国外主流的 DSGE 新凯恩斯主义分析对于中国并不是理想的分析框架。一方面,全球金融危机的爆发显示出 DSGE 模型的缺陷:以有效市场假设为模型基础,在很大程度上弱化了所涉及部门的内容,金融部门的行为没有很好地得到反映;另一方面,中国经济现实不满足有效市场假设,经济实际运行比较强调经济结构和各部门之间的交叉联系,并且货币化和金融部门行为对于资源配置和经济增长又非常重要。鉴于此,本书没有采用国外主流的基于短期价格黏性和福利准则的 NOEM – DSGE 新凯恩斯主义分析,而是考虑新古典的随机增长模型,尝试把经济增长与经济周期纳入一个完整框架之中，并且在计量分析中，为反映结构变化，以及要素禀赋劳动和资本对经济增长影响的时变性，采用状态空间模型估计样本区间内系数变化，以期揭示如下的经济规律：人民币汇率逐步趋向均衡汇率既促进中国经济增长和发展方式转变，也是经济新常态趋向长期均衡稳态之必然。

目　录

第一章　人民币国际化与开放型经济新体制：制度供给

　　2014 年 12 月召开的中央经济工作会议首次明确"稳步推进人民币国际化"。[①] 实际上，中国政府对人民币国际化一直采取审慎方针。2014 年末以前，政府有关文件和领导人公开讲话都未曾提出"人民币国际化"，只是讲"扩大人民币的境外使用"，而人民币跨境被广泛使用实际上就是人民币国际化最简单的表述。[②] 通过人民币国际化在国际市场上实现国际国内两种资源优化配置，应根据自身经济实力，顺应实体经济需求，推进人民币国际化。[③] 2015 年 11 月 30 日，人民币加入国际货币基金组织特别提款权货币篮子。伴随人民币加入 SDR，人民币国际化迎来新起点。与此同时，如何保持币值稳定，以此促进经济增长，也面临更大挑战。作为发展中的开放经济大国，如何在人民币国际化进程中选择恰当的货币状态提升路径，进而为中国经济寻找新的国际增长引擎创造更为有效的货币汇率机制，具有非常重要的战略意义，也是当前极为紧迫的经济问题和政治问题。

[①] 参见《中央经济工作会议在北京举行》，《人民日报》2014 年 12 月 12 日第 1 版。
[②] 戴相龙：《领导干部金融知识读本》（第三版），中国金融出版社 2014 年版，第 404 页。
[③] 周小川：《金融改革发展及其内在逻辑》，《中国金融》2015 年第 19 期。

第一节 人民币国际化概览

一、人民币国际化的总体概况

人民币国际化是指人民币在国际范围内行使货币功能，逐步成为主要的贸易计价结算货币、金融交易货币以及国际储备货币。人民币国际化从跨境贸易的计价结算开始，人民币作为进口结算货币→增加境外人民币的存量→引导人民币回流（出口结算货币、人民币存款、人民币债券、人民币 FDI 和人民币 RQFII[1]）→增加境外人民币需求→人民币海外使用增加，最终成为储备货币。在此过程中，人民币跨境使用从贸易开始起步，伴随金融改革和企业贸易投资便利化的要求，逐步从贸易扩展到金融领域。目前来看，人民币跨境结算业务开展初期制约人民币跨境使用的障碍已逐步消除，在以市场需求为导向的基础上，已建立起丰富多样、便利通畅的人民币跨境循环渠道，境外人民币存量已具有一定规模，境外主体可选择多种途径获得使用人民币，人民币在境外的认可度和影响力稳步提升。[2] 根据环球银行金融电信协会（SWIFT）统计，2015 年第二季度，人民币保持全球第二大贸易融资货币、第五大支付货币、第六大外汇交易货币、第六大国际银行间贷款货币地位。[3] 伴随改革开放不断深化，更多市场需求被激发，人民币资本项目可兑换有序推进，人民币国际使用的范围和规模将呈现稳步发展态势。[4]

"十二五"是人民币国际化的起步期。人民币国际化一方面主要

---

[1] 人民币合格境外机构投资者（RQFII）制度是指经主管部门批准，并获得外汇管理部门批准的投资额度，运用来自境外的人民币资金进行境内证券投资。

[2] 胡晓炼：《跨境投融资人民币业务：政策与实务》，中国金融出版社 2013 年版，序言第 1 页。

[3] 邢毓静、曾园园：《人民币国际化的新进展》，《中国金融》2015 年第 16 期。

[4] 参见《人民币国际化报告（2015 年）》，中国人民银行官方网站，http://www.pbc.gov.cn/goutongjiaoliu/113456/113469/2879196/index.html，2015 年 6 月 11 日。

是通过中国的大国经济地位，特别是贸易大国地位得以实现。目前，中国经济总量居世界第二位，成为第一大出口国、第二大进口国，以及第二大吸收外资国、第三大对外投资国、第一大外汇储备国，这为人民币国际化奠定了坚实基础。另一方面与中国是对外净债权人有关。但是作为全球制造业大国、贸易和投资大国，中国还不是金融大国和经济强国，还是一个非成熟对外净债权人。

"十三五"是人民币国际化的重要阶段。伴随中国经济进入新常态，特别是"一带一路"、自贸试验区等重大战略逐步落地，以非居民持有、贸易融资等形式表现出来的人民币外债可能会继续增长，中国对外净资产将从过去主要集中于公共部门转向民间部门对外净负债进一步扩张，外汇形势从持续净流入向趋于基本平衡转变，外汇储备从增长放缓向"有增有减"转变，人民币国际化也将从"贸易项下输出"向"资本项下输出"转变。

二、"十三五"规划纲要明确提出稳步推进人民币国际化

2016年3月，《中华人民共和国国民经济和社会发展第十三个五年规划纲要》正式公布。其中，"人民币国际化"出现在第十一篇"构建全方位开放新格局"第五十章"健全对外开放新体制"第三节"扩大金融业双向开放"之中。对此，"十三五"规划纲要提出："有序实现人民币资本项目可兑换，提高可兑换、可自由使用程度，稳步推进人民币国际化，推进人民币资本走出去。"[①] 作为构建互利共赢、多元平衡、安全高效的开放型经济新体制的重要内容，人民币国际化对于市场配置资源新机制、经济运行管理新模式、全方位开放新格局和国际合作竞争新优势的建立和形成具有重要意义，具体而言：

第一，人民币国际化与"一带一路"建设相辅相成，对于促进形成全方位开放新格局和国际合作竞争新优势具有非常重要的战略意义。

第二，从对国际储备货币开放拓展为对本币开放，这不但是中国

---

① 参见《中华人民共和国国民经济和社会发展第十三个五年规划纲要》，《人民日报》2016年3月18日第15版。

资本账户开放在新形势下的创新，也为形成经济运行管理新模式提供改革契机。

第三，人民币跨境使用，"输出—境外流通—回流"机制非常重要，因为这是促进境内企业和金融机构在更大范围内、更高层次上实现资源全球高效配置的基础。

三、跨境人民币循环机制已逐步建立

人民币要成功走向国际化，必须要建立起人民币流出、境外流通和回流的良性循环机制。人民币跨境使用，"输出—境外流通—回流"机制之所以非常重要，是因为回顾英镑和美元体系的建立和瓦解，其关键均在于此，并且这是促进境内企业和金融机构在更大范围内、更高层次上实现资源全球高效配置的基础。对此，不仅需要跨境人民币内外循环顶层设计政策优化，而且更需要跨境人民币金融服务自身的扩容与提升。

1. 人民币的输出和回流

微观上，企业、个人和金融机构是市场主体；宏观上，国际收支是重要载体和管理工具。

（1）对于人民币的输出渠道，具体而言：一是贸易及其他经常项下对外支付人民币（即进口对外支付）；二是境内机构以人民币进行对外直接投资；三是境内银行向境外主体提供人民币贷款；四是境内代理行、港澳人民币业务清算行售出人民币；五是通过个人携带、商业银行调运和中银香港代保管库等渠道向境外提供人民币现钞。在这五个主渠道中，进口对外支付曾经是人民币资金流出的主要渠道。[①] 伴随人民币跨境业务不断发展，目前已经历从贸易结算到直接投资使用，再到金融市场交易使用的发展路径。

（2）对于人民币的回流渠道，具体而言：一是贸易及其他经常项下收入人民币（即出口对外收入）；二是外国投资者来华以人民币直接投资汇入人民币；三是境内从境外取得人民币融资（即人民币外

---

① 胡晓炼：《跨境投融资人民币业务：政策与实务》，中国金融出版社 2013 年版，第 11 页。

债）；四是清算行等三类机构进入银行间债券市场投资及 RQFII 的证券投资；五是境外参加行向境内代理行出售人民币；六是人民币现钞回流等。① 一方面，人民币的回流渠道不断拓宽，有助于人民币逐步成为全球重要的投资货币；另一方面，伴随境外人民币资金池规模不断扩大，人民币境外持有者出于保值、增值需要，也会积极寻求投资渠道。

2. 人民币境外流通

通过创建人民币在海外的资金池，促进经济增长的"供给侧"改革与经济周期的"需求侧"调控达到动态匹配。

（1）从离岸人民币市场发展看，伴随人民币"走出去"的过程，自 2009 年跨境贸易人民币结算试点以来，境外人民币资金存量稳步增加，离岸人民币市场逐步形成。伴随人民币产品不断丰富，市场规模稳步扩大，离岸人民币市场的交易活跃度稳步提升。对此，一方面，在人民币没有完全可兑换前，流出境外的人民币需要有一个交易市场，才能促进、保证人民币的运用。② 另一方面，人民币离岸市场建立后，资本流进流出的通道实际上已经部分打开。

（2）从人民币清算安排看，目前，中国人民银行已经在全球超过二十个国家和地区建立了人民币清算安排。人民币清算安排的建立，推动了中国与这些国家和地区之间的贸易投资便利化，有利于境外企业和金融机构使用人民币进行跨境交易，也成为离岸市场发展的重要基础设施。

（3）从央行货币互换实践来看，在境外对人民币需求增长的条件下，中国人民银行将货币互换的功能从维护金融稳定为主，延伸到维护金融稳定和便利双边贸易投资并重，通过和其他国家的央行签署双边货币互换协议，以本币换取本币的形式提供流动性。伴随离岸人民币市场的发展，当离岸人民币市场出现人民币资金短缺时，中国人民银行可使用货币互换工具为其提供流动性支持。③

图 1－1 反映了人民币的国际使用情况。

---

① 胡晓炼：《跨境投融资人民币业务：政策与实务》，中国金融出版社 2013 年版，第 11 页。
② 戴相龙：《领导干部金融知识读本》（第三版），中国金融出版社 2014 年版。
③ 胡晓炼：《跨境投融资人民币业务：政策与实务》，中国金融出版社 2013 年版，第 127～129 页。

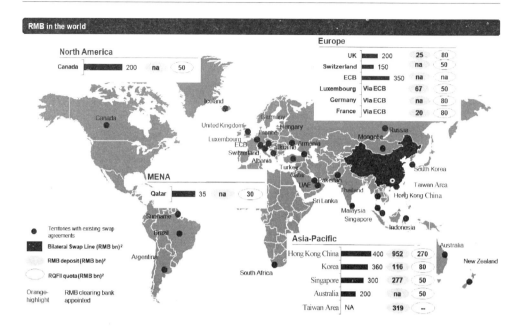

图 1-1　人民币的国际使用情况

资料来源：Thomson Reuters。

第二节　人民币国际化战略推进的基础与挑战

一、推进人民币国际化的基础：全球经济增长贡献率与贸易投资占比

1. 中国参与经济全球化的基础和条件正在发生重大改变

目前，中国经济总量居世界第二位，成为第一大出口国、第二大进口国、第二大吸收外资国、第三大对外投资国、第一大外汇储备国，这为我国进一步扩大对外开放提供了坚实的基础（汪洋，2013[①]）。相

[①] 汪洋：《构建开放型经济新体制》，载《〈中共中央关于全面深化改革若干重大问题的决定〉辅导读本》，人民出版社 2013 年版。

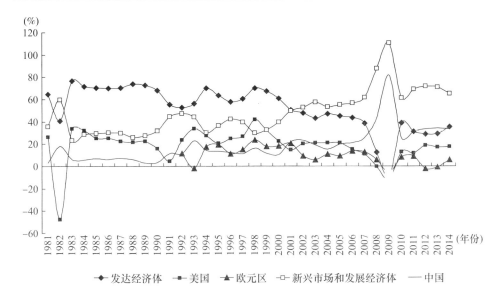

图 1－2　中国、美国、欧盟等经济体对世界经济增长的贡献率（PPP 加权）

资料来源：IMF、Wind 资讯。

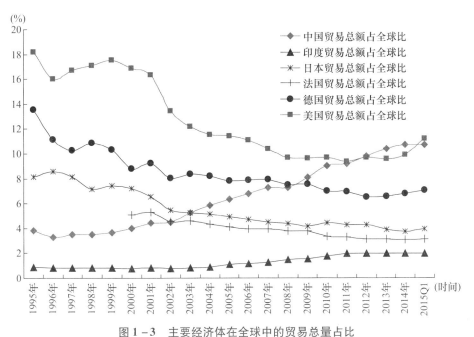

图 1－3　主要经济体在全球中的贸易总量占比

资料来源：笔者根据 Wind 资讯相关数据计算而得。

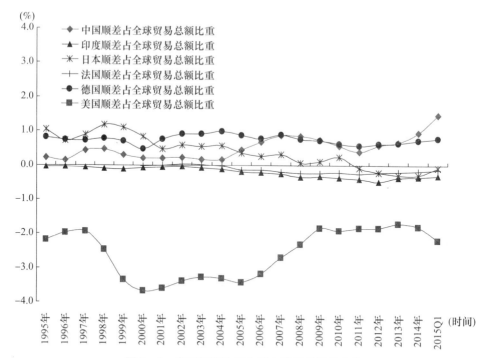

图 1-4 主要经济体在全球中的贸易顺差占比

资料来源：笔者根据 Wind 资讯相关数据计算而得。

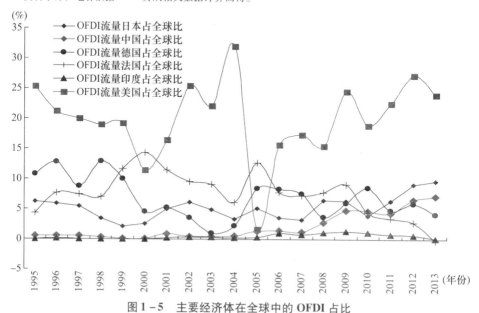

图 1-5 主要经济体在全球中的 OFDI 占比

资料来源：笔者根据 Wind 资讯相关数据计算而得。

比实体经济已深度融入全球经济，我国金融业开放程度还相对较低；中国是全球制造业大国、投资大国，但还不是金融大国，缺乏对大宗商品和金融资产的定价主导权，易受到发达经济体政策溢出效应的影响（易纲，2013[①]）。

2. 中国经济总量位居世界前列但仍处在经济赶超进程之中

从全球 GDP 占比来看，2014 年中国的份额达到全球第三位：以美元计算，从 1995 年的 2% 上升到 2014 年的 13%；以购买力平价计算，从 1995 年的 6% 上升到 2014 年的 16%（Schipke，2015[②]）。根据国际比较研究项目（International Comparison Program，ICP），利用佩恩表（Penn World Tables，PWT）中的购买力平价计算，中国在 2015 年已成为世界第一，但是衡量一个国家在世界上的地位，还必须要看其本币能够在世界市场上买到多少产品与服务（即以实际汇率而非购买力平价汇率进行测算），进而若假设中国的年实际增长率保持比美国高 5%，人民币实际汇率每年提高 3%，则中国将在 2021 年超过美国，中国成为世界第一还有待时日（Frankel，2015[③]）。

二、人民币国际化的内部挑战："三元冲突"与经济发展"新常态"

1. 经济发展"新常态"与人民币汇率贬值

进入 2014 年以后，国内经济增长稳中趋缓、外贸进出口比较低迷、信用违约事件开始暴露以及美联储 QE 加速退出等内外部因素，触发了汇率预期分化，推动资本流动波动。特别是当人民币汇率波动加大以后，对前期看涨人民币单边升值的套利交易形成挤出效应，并释放出平仓购汇的需求，反过来进一步推动汇率波动、推升资金流出的压力。

2. 面临"三元冲突"的协调问题

要实现中国经济持续增长和兼顾就业的目标约束，需要相对稳定

① 易纲：《扩大金融业对内对外开放》，载《〈中共中央关于全面深化改革若干重大问题的决定〉辅导读本》，人民出版社 2013 年版。

② Alfred Schipke（2015），"International Monetary Forum Reform of the International Monetary System and SDR"，Power piont presented to a conference in Renmin University.

③ J. Frankel（2015），"China Is Not yet Number One"，Frontiers of Economics in China，10（1）：1-6.

的汇率机制来保持外需拉动；但是，汇率稳定机制在国际汇率和短期资本流动不稳定性日益加强的背景下，又需要外汇管制和央行介入外汇市场来维持；而外汇管制的存在，则意味着人民币还不能成为真正意义上的国际化货币。随着人民币加快实现资本项目可兑换，上述"三元冲突"的协调问题将更加突出。伴随境内外金融机构获取人民币的途径被拓宽以及金融项下的跨境人民币使用的不断拓展，央行继续以货币供应量作为货币政策中介目标的有效性将会受到影响。中国需要加快货币政策调控由数量型向价格型转变。

3. 开放经济货币政策调控面临较大压力

表现为：第一，中央银行资产负债表资产外化程度较高；第二，冲销干预"被动发钞"外汇政策成本巨大并且不可持续；第三，在利率、汇率和资本回报率的三因素作用下，货币政策有效性易受到制约。由于境外套利投机资金通过贸易商业信用等渠道进入境内普遍存在，伴随短期跨境资本波动上升，境外市场的人民币需求难以调控，对国内流动性的影响上升。国内金融市场缺乏广度、深度和弹性，以及市场化进程中的利率汇率双轨导致套利空间存在，反过来又倒逼国内汇率利率市场化改革。

三、人民币国际化面对的外部环境：相关参数考量

1. 全球失衡从贸易失衡转向金融失衡不断加剧

从国际金融危机爆发与国际货币体系来看，在本次国际金融危机爆发之前，就已出现了全球失衡（global imbalance）。全球失衡开始受到关注始于全球贸易失衡，即一国拥有大量贸易赤字，而与该国贸易赤字相对应的贸易盈余集中在其他一些国家。其主要表现是，美国贸易赤字庞大、债务增长迅速，而东亚经济体（尤其是中国）贸易盈余越来越大，外汇积累越来越多。参见图 1 - 6，全球贸易失衡在 1998 年亚洲金融危机到 2008 年国际金融危机十年间呈现出不断放大的态势，而在 2008 年国际金融危机后有所缓和。值得注意的是，作为全球流动性供求的结构性匹配情况的反映，全球金融失衡实际上比全球贸易失衡更应引起重视。参见图 1 - 7，全球金融失衡程度实际上一直比全球

贸易失衡程度大，并且在 1992 年以前较为稳定，在 1992 年后出现小幅收窄，但是在 1995 年后呈现出不断放大的态势，直到 2008 年以后有所收敛。这背后所反映的是全球流动性通过银行系统和资产市场的全球转移。

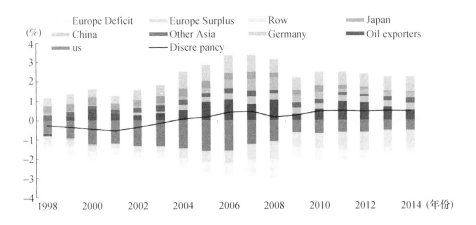

图 1-6 主要经济体的经常账户差额在全球 GDP 的占比

资料来源：IMF。

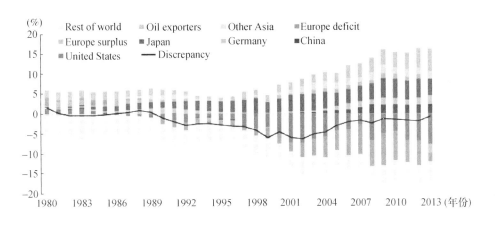

图 1-7 主要经济体的净国外资产存量全球占比

资料来源：IMF。

2. 全球安全资产收益率下降与流动性紧缩压力再现

从价格维度来看，近二十多年来，美、英、欧、日等主权货币充当国际货币和最终偿付手段的"资产收益"持续下降。参见图1-8，美国的十年期国债收益率自20世纪80年代达到历史峰值后不断下降，这一事实背后的原因是什么？这可能与流动性遵循的周期模式有关。一方面，流动性和风险偏好之间会自我强化，伴随资金大量回流发达经济体，反映出市场选择的结果，在导致长期利率下降的同时也增加了投资者的风险偏好。另一方面，风险偏好与流动性两者相互作用导致私人流动性在全球系统内具有高度顺周期性和高度的内生性。由于全球流动性周期的出现，对于世界的安全资产需要，可能关键不在于注入新的官方流动性，而是私人或官方投资者如何将现有流动性重新分配。由此，全球流动性真正的驱动力可能是促使投资组合重新分配的根本原因。

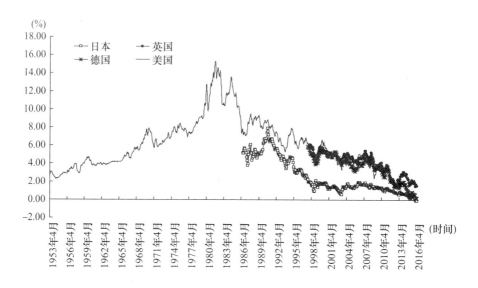

图1-8 美、英、德、日四国的十年期国债收益率走势（日度数据月均值）

资料来源：Wind资讯。

从数量维度来看，就国际形势发展变化而言，2008年国际金融危机后主要发达经济体的量化宽松政策导致全球受到流动性过剩冲击，但是2014年全球范围内的流动性紧缩压力又再次显现并且已不容小觑。参见图1-9，IMF数据显示全球央行的外汇储备从2014年的近

12 万亿美元的峰值下降到 2015 年第一季度的 11.43 万亿美元。这实际上与美国、英国、欧盟、日本等主权货币充当国际货币和最终偿付手段的"资产抵押"日益下降，美、英、欧、日的 GDP 份额所能提供的"资产抵押"相对不足有关。

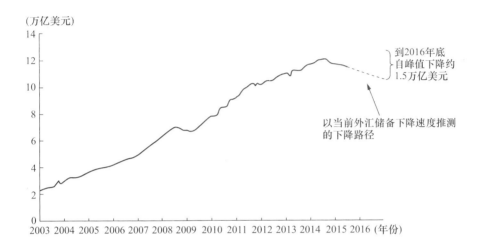

图 1-9　全球央行外汇储备再下降

资料来源：IMF、德银。

3. 全球金融失衡下国际货币体系存在问题和痛点

从国际货币体系行使的两大基本功能来看，主要是提供足够的全球流动性（liquidity）以及国际收支失衡调节（adjustment）。运行良好的国际货币体系主要特征是：第一，流动性（liquidity），即能为系统提供全球流动性便利国际收支交易有序进行；第二，调节性（adjustment），即具有能阻止形成持续的全球贸易失衡和全球金融失衡的调整机制；第三，置信度（confidence），即具有降低汇率和资本流动过度波动的措施，避免汇率受到不稳定的投机冲击。在美元本位浮动汇率下，当前国际货币体系存在持续失衡，大量剧烈资本流动和汇率波动由此产生，巨额外汇储备不断累积，交织于全球的安全资产数量和种类相对有限，全球贸易和金融失衡不断持续。对于以上问题，特别是在全球金融失衡下国际货币体系存在以下痛点：一是逆差国和顺差国之间以及发达国家和发展中国家之间国际收支调节不对称；二是缺乏对于跨境资本流动的全球监管框架；三是可临时获取全球金融流动性的数量下降，美元本位下全球安全资产供给相对不足。由此来看，人民币之所以要国际化，第一，作为全球流动性的有益补充，人民币国际化是中国面向全球提供公共产品供给。第二，可以完善宏观审慎管理框架进而可为跨境资本流动全球监管提供制度参考，人民币国际化将为中国积极参与全球经济治理创造更好条件。第三，以货币汇率和国际收支自主调节为基础，人民币国际化将提高我国在全球经济治理中的制度性话语权。

第三节　开放型经济新体制：内涵与外延

一、开放型经济新体制的提出

1. 开放发展注重解决发展内外联动问题

正如习近平总书记所指出的，"在当今世界深刻复杂变化、中国同世界的联系和互动空前紧密的情况下，更要密切关注国际形势发展变化，把握世界大势，统筹好国内国际两个大局，在时代前进潮流中把握主动、赢得发展。"[①] "国际经济合作和竞争局面正在发生深刻变化，全球经济治理体系和规则正在面临重大调整，引进来、走出去在深度、广度、节奏上都是过去所不可比拟的，应对外部经济风险、维护国家经济安全的压力也是过去所不能比拟的。现在的问题不是要不要对外开放，而是如何提高对外开放的质量和发展的内外联动性。我国对外开放水平总体上还不够强，用好国际国内两个市场、两种资源的能力还不够强，应对国际经贸摩擦、争取国际经济话语权的能力还比较弱，运用国际经贸规则的本领也不够强，需要加快弥补。为此，我们必须

---

① 参见《习近平总书记系列重要讲话读本》，学习出版社、人民出版社2016年版，第39页。

坚持对外开放的基本国策，奉行互利共赢的开放战略，深化人文交流，完善对外开放区域布局、对外贸易布局、投资布局，形成对外开放新体制，发展更高层次的开放型经济，以扩大开放带动创新、推动改革、促进发展"（习近平，2016[①]）。

2. 从发展开放型经济到完善开放型经济体系

早在 1993 年，党的十四届三中全会通过的《中共中央关于建立社会主义市场经济体制若干问题的规定》中第 36 项就提出要"发展开放型经济，使国内经济与国际经济实现互接互补"。党的十七大报告提出"完善内外联动、互利共赢、安全高效的开放型经济体系"。党的十八大报告修改了开放型经济体系的三个定语的位置和提法，提出"完善互利共赢、多元平衡、安全高效的开放型经济体系"。

3. 构建开放型经济新体制的提出

党的十八届三中全会提出"构建开放型经济新体制"。习近平总书记提出："要适应经济全球化新形势，构建开放型经济新体制。推动对内对外开放相互促进、引进来和走出去更好结合，促进国际国内要素有序自由流动、资源高效配置、市场深度融合，加快培育参与和引领国际经济合作竞争新优势，以开放促改革。推进丝绸之路经济带、海上丝绸之路建设，再为中国这只大鹏插上两只新的翅膀，飞得更高更远。"[②]

二、习总书记系列重要讲话提出的新要求

1. 维护和利用好我国发展重要战略机遇期

习近平总书记指出："主要国家去杠杆、去债务，全球需求增长和贸易增长乏力，保护主义抬头，市场成为最稀缺的资源，利用国际市场扩张增加出口的条件发生深刻变化，必须把发展的立足点更多放在国内，更多依靠扩大内需带动经济增长。"[③] 对于准确把握全面建成小康社会新的目标要求，习近平总书记强调"发展协调性明显增强"，其中"对外开放深度广度不断提高，全球资源配置能力进一步增长，

---

① 习近平：《在党的十八届五中全会第二次全体会议上的讲话（节选）》，《求是》2016 年第 1 期。
② 参见《习近平总书记系列重要讲话读本》，学习出版社、人民出版社 2014 年版，第 63 页。
③ 参见《习近平总书记系列重要讲话读本》，学习出版社、人民出版社 2016 年版，第 62 页。

进出口结构不断优化，国际收支基本平衡"。[1]

2. 树立开放发展理念

"我国在世界经济和全球治理中的分量迅速上升，我国是世界第二经济大国、最大货物出口国、第二大货物进口国、第二大对外直接投资国、最大外汇储备国、最大旅游市场，成为影响世界政治经济版图变化的一个主要因素，但我国经济大而不强问题依然突出，人均收入和人民生活水平更是同发达国家不可同日而语，我国经济实力转化为国际制度性权力依然需要付出艰苦努力"（习近平，2016[2]）。正如习近平总书记指出的，"必须顺应我国经济深度融入世界经济的趋势，奉行互利共赢的开放战略，坚持内外需协调、进出口平衡、引进来和走出去并重、引资和引技引智并举，发展更高层次的开放型经济，积极参与全球经济治理和公共产品供给，提高我国在全球经济治理中的制度性话语权，构建广泛的利益共同体"。[3]

3. 推进供给侧结构性改革

"从国际上看，当前世界经济结构正在发生深刻调整。国际金融危机打破了欧美发达经济体借贷消费、东亚地区提供高储蓄、廉价劳动力和产品，俄罗斯、中东、拉美等提供能源资源的全球经济大循环，国际市场有效需求急剧萎缩，经济增长远低于潜在产出水平。主要国家人口老龄化水平不断提高，劳动人口增长率持续下降，社会成本和生产成本上升较快，传统产业和增长动力不断衰减，新兴产业体量和增长动能尚未积聚。在这个大背景下，我们需要从供给侧发力，找准在世界供给市场上的定位"（习近平，2016[4]）。

三、中央经济工作会议以来相关重要论述

1. 中央经济工作会议

2014 年 12 月召开的中央经济工作会议认为："从出口和国际收支

---

① 参见《习近平总书记系列重要讲话读本》，学习出版社、人民出版社 2016 年版，第 56、57 页。
②④ 习近平：《在省部级主要领导干部学习贯彻党的十八届五中全会精神专题研讨班上的讲话》，《人民日报》2016 年 5 月 10 日第 2 版。
③ 参见《习近平总书记系列重要讲话读本》，学习出版社、人民出版社 2016 年版，第 135、136 页。

看，国际金融危机发生前国际市场空间扩张很快，出口成为拉动我国经济快速发展的重要动能，现在全球总需求不振，我国低成本比较优势也发生了转化，同时我国出口竞争比较优势依然存在，高水平引进来、大规模走出去正在同步发生，必须加紧培育新的比较优势，使出口继续对经济发展发挥支撑作用。"会议要求"面对对外开放出现的新特点，必须更加积极地促进内需和外需平衡、进口和出口平衡、引进外资和对外投资平衡，逐步实现国际收支基本平衡，构建开放型经济系体制"。① 2015 年 9 月，《中共中央国务院关于构建开放型经济新体制的若干意见》正式出台，其中明确提出总体目标是，加快培育国际合作和竞争新优势，更加积极地促进内需和外需平衡、引进外资和对外投资平衡，逐步实现国际收支基本平衡，形成全方位开放新格局，实现开放型经济治理体系和治理能力现代化，在扩大开放中树立正确义利观，切实维护国家利益，保障国家安全，推动我国与世界各国共同发展，构建互利共赢、多元平衡、安全高效的开放型经济新体制。②

2. 党的十八届五中全会和"十三五"规划纲要

2015 年 10 月，党的十八届五中全会召开，在《中共中央关于制定国民经济和社会发展第十二个五年规划的建议》第六章"坚持开放发展，着力实现合作共赢"开篇中提出"开创对外开放新格局，必须丰富对外开放内涵，提高对外开放水平，协同推进战略互信、经贸合作、人文交流，努力形成融合的互利合作格局"。其中，第二节"形成对外开放新体制"，主要包含"健全有利于合作共赢并同国际贸易投资规则相适应的体制机制"，"全面实行准入前国民待遇加负面清单管理制度"，"扩大金融业双向开放"，"签署高标准双边投资协定、司法协助协定"等内容。③ 在 2016 年 3 月公布的《中华人民共和国国民经济和社会发展第十三个五年规划纲要》第十一篇"构建全方位开放新格局"开篇中明确提出"以'一带一路'建设为统领，丰富对外开

① 参见《中央经济工作会议在北京举行》，《人民日报》2014 年 12 月 12 日第 1 版。
② 参见《中共中央国务院关于构建开放型经济新体制的若干意见》，人民出版社 2015 年版，第 2 页。
③ 参见《〈中共中央关于制定国民经济和社会发展第十三个五年规划的建议〉辅导读本》，人民出版社 2015 年版，第 37~40 页。

放内涵，提高对外开放水平，协同推进战略互信、投资经贸合作、人文交流，努力形成深度融合的互利合作格局，开创对外开放新局面"。其中，第五十章"健全对外开放新体制"开篇提出"完善法治化、国际化、便利化的营商环境，健全有利于合作共赢、同国际投资贸易规则相适应的体制机制"。并对"营造优良营商环境"、"完善境外投资管理体制"、"扩大金融业双向开放"、"强化对外开放服务保障"等内容予以明确。[①]

第四节 开放型经济新体制的数量决策指标：国际收支

Gavin（2004）[②] 在《黄金、美元与权利——国际货币关系的政治（1958～1971）》中指出美国的肯尼迪总统曾经不止一次地对他的顾问们说："最令我担心的两件事就是核武器与国际收支赤字。"表面上看，国际收支被国际货币基金组织 IMF 定义为"交易汇总表"，似乎平淡无奇，但实际上却涉及各国的根本利益。相对于国际贸易主要是刻画开放型经济的实体面，国际收支主要体现的是货币面，进而体现宏观整体"大数"量化的货币行为（behavior of monetary magnitudes），即涉及货币数量本身以及货币单位衡量的不同价格（如总体价格水平、工资率和汇率等）。国际收支尽管最初只是简单地被解释为一个国家的对外贸易差额，但却是开放经济中政府决策的最重要经济指标之一。

一、十八大以来有关国际收支相关政策表达

2015 年 10 月，党的十八届五中全会召开，在《中共中央关于制

---

① 参见《中华人民共和国国民经济和社会发展第十三个五年规划纲要》，《人民日报》2016 年 3 月 18 日第 15 版。

② Francis J.（2004），"Gavin, Gold, Dollars, and Power: The Politics of International Monetary Relations", 1958 – 1971, The University of North Carolina Press.

定国民经济和社会发展第十三个五年规划的建议》中，国际收支出现在第六章"坚持开放发展，着力实现合作共赢"中的"扩大金融双向开放"部分，提出了"加强国际收支监测，保持国际收支基本平衡"[①]，对比 2010 年 10 月，党的十七届五中全会召开，在《中共中央关于制定国民经济和社会发展第十二个五年规划的建议》第十一章"实施互利共赢的开放战略，进一步提高对外开放水平"提出"优化对外贸易结构"中所要求的"发挥进口对宏观经济平衡和结构调整的重要作用，促进贸易收支基本平衡"[②]。由此可见，"十三五"期间将在"十二五"关注贸易平衡的基础上更加突出国际收支基本平衡。在 2016 年 3 月公布的《中华人民共和国国民经济和社会发展第十三个五年规划纲要》中，"国际收支平衡"出现在第三章"主要目标"之中。"十三五"规划纲要提出了全面建成小康社会新的目标要求。其中，"发展协调性明显增强"明确要求"对外开放深度广度不断提高，全球配置资源能力进一步增强，进出口结构不断优化，国际收支基本平衡"[③]。

二、经济发展进入新常态前国际收支总体概览

判断国际收支状况的重要依据是国际收支的运行态势与结构情况。从中国国际收支运行态势来看，近年来已逐渐向平衡状态收敛。如图 1–10 所示，国际收支双顺差 2010 年达到峰值后逐年下降，经常账户顺差占 GDP 之比自 2007 年后逐年下降，自 2011 年以来基本维持在平均 2.2% 的水平。从双顺差的结构来看，经常账户顺差逐步下降，资本和金融项目顺差"一波三折"。经常账户顺差在 2009 年以前在国际收支顺差中处于主要地位，资本和金融项目顺差在 2010 年和 2011 年居于国际收支顺差的主要地位，2012 年大幅回落并转为逆差，2013 年上半年再次回升为顺差并超过经常账户顺差。伴随中国国际收支结构

① 参见《〈中共中央关于制定国民经济和社会发展第十三个五年规划的建议〉辅导读本》，人民出版社 2015 年版，第 41、42 页。

② 参见《〈中共中央关于制定国民经济和社会发展第十二个五年规划的建议〉辅导读本》，人民出版社 2010 年版，第 41、42 页。

③ 参见《习近平总书记系列重要讲话读本》，学习出版社、人民出版社 2016 年版，第 56～57 页。

出现的新特点，即经常账户顺差再度收窄，而资本和金融项目顺差却再度增加，反映出国际收支的自我平衡基础还有待进一步巩固，国际收支趋向平衡之路仍然任重而道远。

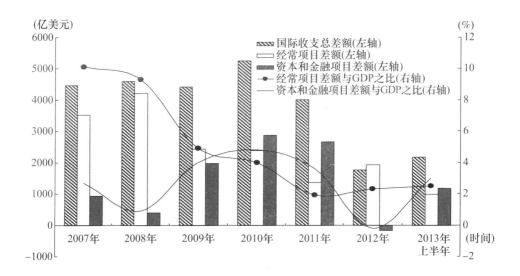

图 1 - 10 2007 年至 2013 年上半年中国国际收支顺差结构

资料来源：国家外汇管理局、国家统计局。

三、经济发展进入新常态后国际收支总体概览

当前中国正处在经济增速换挡期、结构调整阵痛期、前期刺激政策消化期的"三期叠加"之下，已进入经济增长从高速增长向中高速增长转变、产业结构从制造业为主向服务业为主转变、发展理念从片面追求 GDP 向以人为本和保护环境转变的"新常态"。①涉外经济金融，特别是中国国际收支也将进入"新常态"。参见图 1 - 12，2014 年第三季度打破了 2013 年至 2014 年上半年国际收支"双顺差"的基本格局，再次呈现出与 2012 年相似的"经常账户顺差、资本项目逆差"的新态势。2013 年以来，资本和金融项目顺差对国际收支顺差的贡献明显超

---

① 易纲：《深刻认识我国经济发展新趋势——深入学习贯彻习近平同志关于经济发展新常态的重要论述》，《人民日报》2014 年 11 月 3 日。

过经常账户，而进入 2014 年第二季度，伴随外需回暖，以及资本和金融项目开始转为逆差，经常账户再次成为国际收支顺差的主要来源。

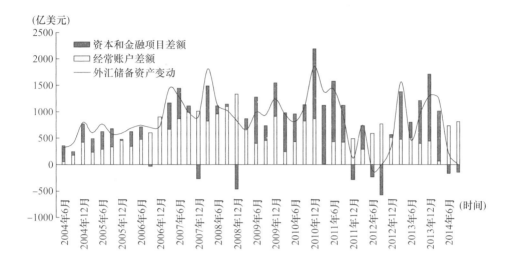

图 1 - 11 2004 年第二季度至 2014 年第三季度国际收支差额与外汇储备资产变动

资料来源：国家外汇管理局。

2015 年 10 月召开的中共十八届五中全会提出了"十三五"时期全面建成小康社会新的目标要求，并强调实现"十三五"时期发展目标，破解发展难题，厚植发展优势，必须牢固树立并切实贯彻创新、协调、绿色、开放、共享的发展理念。这是关系我国发展全局的一场深刻变革。① 当前，中国正在进入外汇形势从持续净流入到趋向基本平衡、管理方式从经常账户可兑换到资本项目可兑换的新常态。② 在开放经济条件下，国内外商品相互交换，要素相互流通，彼此间必然发生货币收支关系。国际收支作为国家对外经济交往系统的货币记录之所以重要，是因为其涉及国家的根本利益。正如 2014 年 12 月召开的中央经济工作会议所指出的，必须更加积极地促进内需和外需平衡、进

---

① 参见《十八届五中全会在京举行》，《人民日报》2015 年 10 月 30 日第 1 版和第 2 版。

② 易纲：《外汇管理改革的方向》，《中国金融》2015 年第 19 期。

口和出口平衡、引进外资和对外投资平衡，逐步实现国际收支基本平衡。① 在世界经济增长总体放缓、美元走强、大宗商品价格下跌，国际国内金融环境复杂多变的情况下，2015 年中国国际收支总体上逐渐趋于基本平衡。

从 2014 年第三季度开始，中国国际收支总体上延续经常账户顺差，资本和金融账户逆差（不含储备资产②）的发展态势。2015 年，中国国际收支呈现"经常账户顺差、资本和金融账户逆差"的新常态（参见图 1 - 12（a））。其中，经常账户顺差基本稳定，资本和金融账户逆差经历半年期的扩大后 2015 年第二季度有所收窄（参见图 1 - 12（b））。按最新的国际收支统计口径（参见表 1 - 1）③，截至 2015 年上半年，经常账户顺差 1486 亿美元，同比增长 84.6%，经常账户顺差与 GDP 之比为 2.9%④，处于国际公认合理水平之内；资本和金融账户逆差（不含储备资产）1256 亿美元，同比下降 261.4%；储备资产减少 671.4 亿美元，同比下降 145.4%。2016 年中国的经常账户顺差占 GDP 的比重将继续维持在健康合理水平，其他投资项下资本流动成为影响中国国际收支状况的重要因素，"藏汇于民"效果将继续体现，国际收支"新常态"与人民币国际化将形成良性互动的正向循环。

表 1 - 1　中国国际收支平衡表（季度表）　　　　　单位：亿美元

国际收支差额 项目	2013 年 全年	2014 年 上半年	2014 年 全年	2015 年 上半年
1. 经常账户	1482	805	2197	1486.0
1. A　货物和服务	2354	868	2840	1621.3
1. A. a　货物	3590	1486	4350	2566.1
1. A. b　服务	-1236	-618	-1510	-944.8

① 参见《中央经济工作会议在北京举行》，《人民日报》2014 年 12 月 12 日第 1 版。
② 中国从 2015 年开始按照《国际收支和国际投资头寸手册》（第六版）的标准编制和公布国际收支相关数据。其中，储备资产项目归属发生变化，列于金融账户下，与非储备性的金融账户并列。
③ 按照《国际收支和国际投资头寸手册》（第六版）标准编制的国际收支数据。
④ 由于国家统计局从 2015 年第三季度起对季度 GDP 采用分季方式核算，并按照分季 GDP 核算方法对各季度历史数据进行了修订，此处采用的 GDP 是国家统计局最新修订公布的数据。

续表

项目 ＼ 国际收支差额	2013年 全年	2014年 上半年	2014年 全年	2015年 上半年
1.B　初次收入	−784	55	−341	−103.7
1.C　二次收入	−87	−118	−302	−31.6
2. 资本和金融账户	−853	−701	−795	−584.6
2.1　资本账户	31	−4	0	2.9
2.2　金融账户	−883	−697	−795	−587.5
2.2.1　非储备性质的金融账户	3430	782	383	−1258.9
2.2.1.1　直接投资	2180	930	2087	920.0
2.2.1.2　证券投资	529	369	824	−240.9
2.2.1.3　金融衍生工具	0	0	0	−7.1
2.2.1.4　其他投资	722	−517	−2528	−1931.0
2.2.2　储备资产	−4314	−1479	−1178	671.4
3. 净误差与遗漏	−629	−104	−1401	−901.4

注：根据《国际收支和国际投资头寸手册》(第六版) 编制。

资料来源：国家外汇管理局。

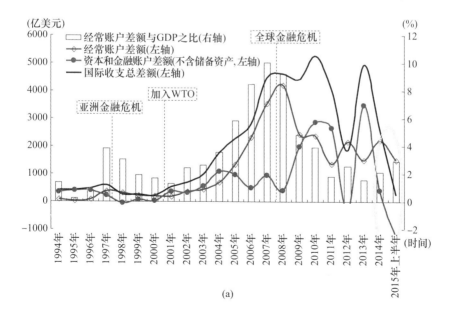

(a)

图 1-12　中国的国际收支顺差结构及国际收支平衡状况

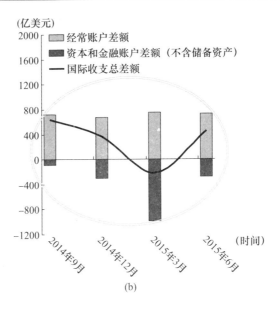

图 1 - 12　中国的国际收支顺差结构及国际收支平衡状况（续）

资料来源：国家外汇管理局、国家统计局。

第五节　开放型经济新体制价格决策机制：人民币汇率机制

　　2005 年 7 月人民币汇率形成机制改革后，汇率形成机制灵活性不断提高，人民币汇率弹性不断增强，外汇市场也不断发展。伴随人民币对其他非美元货币的直接交易不断拓展，人民币对各主要货币的交易量较过去有显著提升。与此同时：第一，外汇市场交易主体也在不断扩展，做市商已经成为国内外汇市场最重要的市场参与者。第二，对于市场中的微观主体，当市场对人民币汇率的预期由升值转向贬值时，国内企业等市场主体的财务运作方式相应地由"资产本币化、负债外币化"向"资产外币化、负债去美元化"转变。在汇率双向浮动弹性增大情况下，企业对其资产负债配置灵活调整，表明国内市场主体在汇率机制改革背景下对汇率变动的敏感度增强。第三，从离岸人民币市场发展来看，伴随人民币产品不断丰富，市场规模稳步扩大，离岸人民币市场的交易活跃度稳步提升。人民币离岸金融市场的全球布局有序推进，"内外互动"战略日益清晰。

一、人民币汇率形成机制的主要特点

伴随中国外汇市场正在由封闭的、以银行间市场为中心，逐步走向以放松外汇管制、完善中央银行外汇干预机制、促进各银行业公平竞争等措施为主的市场化革新，人民币汇率形成机制更趋市场化，人民币汇率的价格杠杆功能日益凸显。具体而言：

第一，银行间市场供求在中间价波幅内决定市场汇率。银行间外汇市场主要体现银行等金融机构与外汇指定银行的市场供求（并形成银行间交易汇价）。当前每日银行间即期外汇市场人民币对美元汇率中间价在2%幅度内浮动。

第二，柜台市场供求银行自主定价。银行柜台外汇市场主要体现企业、个人与外汇指定银行的市场供求（并形成银行挂牌汇价）。银行可基于市场需求和定价能力对客户自主挂牌人民币对各种货币汇价并根据市场供求自主定价。

第三，双向浮动弹性增强成为一种新常态。随着人民币汇率波动加大，现行汇率水平逐渐为境内外市场广泛接受和认可。未来，跨境资本流动下人民币汇率双向波动将成为一种新常态。从国际收支、外汇储备变动等对外指标看，人民币汇率似乎仍然被低估；但从国内产能过剩、经济下行等对内指标看，人民币汇率则似乎又有所高估。

第四，中间价管理。与大规模的成熟市场经济体相比，当前人民币汇率形成机制的最大特点是，货币当局通过买卖外汇，以通过中间价管理等方式，确定人民币汇率价格。为保持人民币对美元汇率相对稳定，中国外汇占款和外汇储备不断累积。

第五，央行适度干预。当前央行外汇市场干预主要参考因素是：均衡汇率、篮子货币和上一个交易日的汇率，分别对应于：其一，趋进均衡汇率促进外汇市场供求平衡；其二，稳定篮子货币汇率促进出

口稳定；其三，保持人民币对美元汇率基本稳定以降低汇率风险。[①] 但是，限于市场主体缺乏和买卖双方实力悬殊，外汇市场供求双方交易意愿和真实交易成本难以直接体现，给人民币与美元之间合理汇价的形成带来了困扰。如何做好准备，进一步明确合理的汇率水平和汇率双向浮动弹性波幅的确定及依据，尽快形成趋向汇率合理区间并促进经济内涵式发展的汇率市场化形成机制，仍需进一步努力。

二、人民币兑美元汇率中间价、即期汇价和离岸汇价的市场情况

中国外汇交易中心于每日银行间外汇市场开盘前向所有银行间外汇市场做市商询价，然后根据样本数据及设定的权重，计算出当日美元兑人民币汇率中间价。从价格形成上来看：

（1）中间价会体现市场行情，但是官方色彩仍然较浓，存在轻微金融抑制。

（2）即期汇率是在中间价基础上产生的，由当场交货时货币的供求关系决定。

（3）即期汇率由中间价锚定，但是由于市场化程度更高，容易与中间价产生偏离，且波动率也更大。

（4）根据两种汇率的形成机制，即期汇率与中间价的汇差主要反映为市场供求关系受到抑制的那部分。具体而言，由于即期价对市场供求反映更充分，当人民币升值时，美元兑人民币即期汇率会低于中间价，当人民币贬值时，即期汇率会高于中间价。

（5）在一整段的升值或者贬值周期，一般体现为这种稳定的汇差方向，而当人民币币值处于转折点时，两种汇价就容易产生背离。具体表现为：当人民币由升值转入贬值时，美元兑人民币即期汇率上涨幅度更大、速度更快，即期价将上穿中间价，形成正汇差；而当人民币由贬值再次转入升值时，即期汇率又快速向中间价靠拢，正汇差持续收窄并变为负值。这样，最终形成人民币即期汇率围绕中间价波动的运行轨迹。

[①] 张斌：《加快实现既定的人民币汇率形成机制改革目标》，《新金融评论》2014 年第 3 期。

参见图 1-13，在人民币短期贬值强烈预期下，2012 年 6 月至 8 月，人民币对美元即期汇率与中间价的汇差由负转正。此后，2013 年即期汇率贴近汇率浮动的上边界。而对于中间价，以 2013 年为例，在银行间即期外汇市场全年 238 个交易日中，人民币对美元汇率中间价有 126 个交易日升值，112 个交易日贬值；日均波幅约为 33 个基点，比上年全年日均波幅缩小 11 个基点，人民币汇率双向浮动特征较为明显。进入 2014 年 7 月以来，人民币对美元汇率即期价走势明显弱于中间价，二者之间的汇差也由 4 月末的逾千基点，收窄至 7 月以来的 400 基点左右。

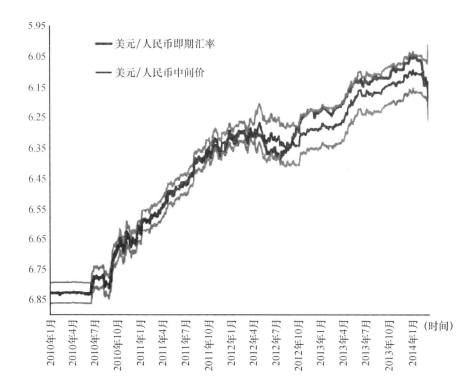

图 1-13 人民币对美元即期汇率、中间价走势与汇率浮动幅度

资料来源：美国财政部《国际经济与汇率政策半年报》，2014 年 4 月。

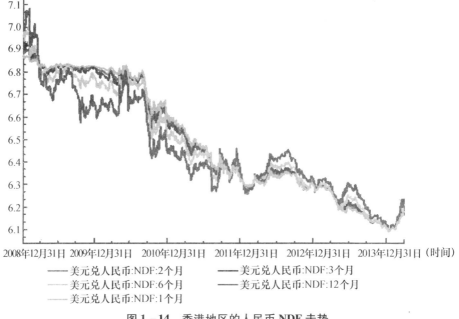

图 1 - 14　香港地区的人民币 NDF 走势

资料来源：Wind 资讯。

此外，结合 2014 年 5 月央行公布的金融机构新增外汇占款为 386.65 亿元，较 2014 年 4 月的 1169.21 亿元新增数量亦大幅收窄。央行新增外汇占款的大幅减少，尤其是比金融口径新增量要低很多，这表明央行 5 月对汇市干预得很少，汇率走势更趋市场化。此外，从人民币各期限的 NDF 走势来看，参见图 1 - 14，2014 年以前人民币汇率升值预期表现强劲，海外人民币升值预期较为强烈，香港地区的各期限人民币 NDF 整体进入下行通道，表现出明显的升值。但是，进入 2014 年，香港地区的各期限人民币 NDF 相对收敛，并呈现贬值态势。这表明海外人民币汇率预期反转，人民币汇率单边升值预期已被打破，但也需提防对人民币汇率的做空压力。

三、人民币汇率贬值与改革的时空条件诉求

离岸人民币市场的发展得益于经常项下跨境人民币资金流动的开放。由于离岸人民币市场始于香港地区，因此通常用 CNH 来表示。参见图 1 - 15，CNH 即期汇率呈现围绕人民币兑美元即期汇率上下微幅

波动的整体格局，2015 年 8 月 11 日人民币新汇改后，人民币兑美元即期和 CNH 即期都收敛于人民币兑美元汇率中间价，并且均呈现出贬值态势。对此，中国人民银行在 2015 年第三季度《中国货币政策执行报告》中指出[1]：中间价与市场汇率之间的偏离得到校正，中间价的基准作用明显增强。各方面对此次改革的评价总体正面，改革取得了预期效果。进入后金融危机时代，全球经济金融格局调整不断，包括局部冲突和战争频发，使得中国的外部环境存在诸多挑战。这些影响因素，又会反馈到国内经济层面，从而增加中国经济转型以及应对短期经济调控的难度。从中国经济进入新常态以前的情况来看，对于国际收支、外汇储备变动等指标而言，人民币汇率似乎仍需要升值；但在经济增长速度换挡期、结构调整阵痛期、前期刺激政策消化期"三期叠加"背景下，对于国内产能过剩、经济下行等对内指标，人民币汇率似乎又需要贬值。

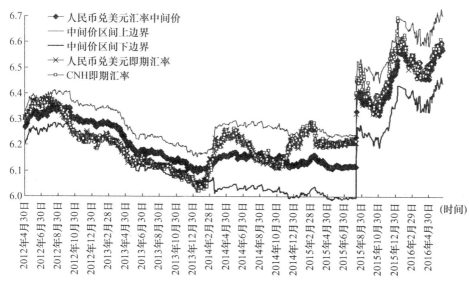

图 1-15　人民币兑美元汇率中间价、即期汇率、汇率波动区间、CNH 即期汇率

资料来源：Wind 资讯。

---

[1] 中国人民银行货币政策分析小组：《中国货币政策执行报告》，2015 年第三季度，中国人民银行官网。

第二章　金融双向开放：市场供求与量价抉择

伴随中国经济发展进入新常态，人民币国际化与"一带一路"建设相辅相成，成为中国构建全方位对外开放新格局的重大战略，对于形成全方位开放新格局和国际合作竞争新优势也具有非常重要的战略意义。推进人民币资本"走出去"与"一带一路"紧密相连。"一带一路"将为人民币国际化提供新的载体，为人民币的区域使用及全球推广提供更广阔的机会，不但是人民币国际化的重要推动力量，而且"一带一路"和人民币国际化，作为重大国家发展战略，也是中国向全球提供的重要公共物品，充分体现了中国的大国责任和历史担当。①

第一节　金融双向开放与资本"走出去"："一带一路"金融运作

一、"一带一路"：战略提出与基本内涵

建设"一带一路"是党中央作出的重大战略决策，是实施新一轮

---

① 陈雨露：《一带一路与人民币国际化》，《中国金融》2015 年第 19 期。

扩大开放的重要举措。[①] 其中，"一带"是指"丝绸之路经济带"，重点是在陆地，"一路"是指"21世纪海上丝绸之路"，重点是在海上。2013年9月，习近平总书记在访问哈萨克斯坦时提出构建"丝绸之路经济带"；2013年10月，习近平总书记在出席亚太经合组织领导人非正式会议期间提出构建"21世纪海上丝绸之路"。"一带一路"战略已成为新时期中国开放型经济转型升级的重要助推器。根据"一带一路"走向，陆上依托国际大通道，以沿线中心城市为支撑，以重点经贸产业园区为合作平台，共同打造新亚欧大陆桥、中蒙俄、中国—中亚—西亚、中国—中南半岛等国际经济合作走廊；海上以重点港口为节点，共同建设通畅安全高效的运输大通道。[②] "一带一路"建设的主要内容是"五通"，即政策沟通、设施联通、贸易畅通、资金融通、民心相通。其中，资金融通，就是与相关国家深化金融合作，扩大双边本币互换、结算，共同筹建运营亚投行等开发金融机构，通过多种方式为合作项目提供融资。

在"一带一路"战略下，"互联互通"将加速国内产业转移承接和升级转型，实现国内产能、资本和技术在全球配置。这意味着原有"中国出口产品→获得贸易顺差→外汇用于购买美国国债等证券→美国等发达国家增大对外直接投资→中国获得外商直接投资→外商引致的中国出口能力增强"这一中国资源成为美国等发达国家增强自身全球资源配置能力的过程将可能会改变，进而中国在全球的资源配置能力将会提升。[③] 从国际收支整体格局出发，特别是在基础设施、制造业、能源和农业等多领域，鼓励对外直接投资，进一步扩大资本输出，不但有助于形成资本项目（小幅）逆差与经常账户（适度）顺差的开放型经济平衡发展新常态，而且有助于形成全方位开放新格局。作为贸易大国的中国，如何坚持出口和进口并重，推动贸易平衡发展，如何

① 中共中央宣传部：《习近平总书记系列重要讲话读本》，学习出版社、人民出版社2016年版，第266页。

② 国家发展改革委、外交部、商务部：《推动共建丝绸之路经济带和21世纪海上丝绸之路的愿景与行动》，人民出版社2015年版，第28页。

③ 王国刚：《"一带一路"：基于中华传统文化的国际经济理论创新》，《国际金融研究》2015年第7期。

从商品输出向资本输出，从贸易大国向投资大国转变，成为开放型经济转型升级的必由之路。①

二、合作共赢："一带一路"金融运作的主思路

建设好"丝绸之路经济带"和"21世纪海上丝绸之路"，资金融通是重要支撑。合作共赢是"一带一路"金融运作的主思路。正如习近平总书记在博鳌亚洲论坛2015年年会上发表主旨演讲指出"要积极推动构建地区金融合作体系，探讨搭建亚洲金融机构交流合作平台，推动亚洲基础设施投资银行同亚洲开发银行、世界银行等多边金融机构互补共进、协调发展。要加强在货币稳定、投融资、信用评级等领域务实合作，推进清迈倡议多边化机制建设，建设地区金融安全网"。伴随《推动共建丝绸之路经济带和21世纪海上丝绸之路的愿景与行动》的正式发布，金融支持在"一带一路"建设中的战略规划进一步明确，秉持合作共赢理念，促进"一带一路"互联互通建设的金融可持续发展将进入快速推进的新阶段。

1. "一带一路"金融运作，强调的是要化解竞争对抗为合作共赢

在博鳌亚洲论坛2015年年会上，习近平总书记指出"'一带一路'建设不是要代替现有地区合作机制和倡议，而是要在已有基础上，推动沿线国家实现发展战略相互对接、优势互补"。对于"一带一路"金融运作，无论是亚洲基础设施投资银行、丝路基金，还是金砖国家开发银行、应急储备安排，首先要明确的是同其他全球和区域多边开发银行的关系是相互补充而非相互替代。尽管"一带一路"建设及其配套资金融通在将来有可能形成不同于以往的国际金融新规则、新秩序、新格局，但目前仍然是在现行国际经济金融秩序下运行，是对现有国际金融体系的有益补充。

2. "一带一路"建设的资金融通，不是中国版的"马歇尔计划"

两者最大的区别是"一带一路"建设的本质是一个共同合作的平

---

① 汪洋：《构建开放型经济新体制》，载《〈中共中央关于全面深化改革若干重大问题的决定〉辅导读本》，人民出版社2013年版。

台，其配套的资金融通是在合作共赢主思路下致力于打造命运共同体。因此，是以双赢共赢的"发展思维"取代你输我赢的"冷战思维"。"一带一路"金融运作是在命运共同体的大局观下，强调金融合作。这意味着大国经济体不是国际金融关系中的特权享有者，而更多的是责任担当者。坚持合作共赢作为"一带一路"金融运作主思路，在视野上要比西方国家宽阔很多，不仅符合中国的国家利益，也符合沿线不同国家地区的共同利益。

3. "一带一路"金融运作不仅是构建利益共同体，而是强调命运共同体

"一带一路"将给沿线地区国家带来实实在在的利益，但这并不是用利益简单地将周边国家团结在一起，形成利益共同体，而是更加强调遵循利益共享，通过风险共担、责任共负，形成责任共同体。对于中国而言，通盘考虑"一带一路"金融合作的实际情况，在自身条件可承受、整体利益不受损的前提下，可以主动让利，让各相关方利益均沾。伴随中国的市场空间和发展能力拓展到周边国家，进一步形成发展共同体。在此基础上，最终形成命运共同体。为此，必须树立命运共同体意识，坚持大局观，坚持合作共赢理念，积极寻求各方利益的最大公约数。

三、深化地区货币金融合作：建设区域性金融安全网

合作共赢在"一带一路"金融运作中首先体现为地区金融合作。在地区金融合作框架下，扩大"一带一路"沿线国家双边本币互换、结算的范围和规模，推动亚洲债券市场的开放和发展，是推进亚洲货币稳定体系，完善区域性金融安全网的重要举措。经历亚洲金融危机后，东亚各国强化了相互之间的货币金融合作，其中实质性进展是2000年5月双边货币互换制度即清迈倡议（CMI）和2003年6月亚洲债券市场基金（ABF）的实施。

其次，强调深化地区货币金融合作，是因为现有的地区金融合作机制亟须改进。当前，一方面，清迈倡议（CMI）多边化机制不可用，由于缺乏实际的资金可提取，成员国根本不可能得到清迈协议（CMI）

的流动性资金的支持。另一方面，亚洲债券市场（ABF）的发展也较为缓慢，需要探索建立跨境债券交易区域性清算和结算体系的开放新举措。

再次，扩大"一带一路"沿线国家双边本币互换、结算的范围和规模，不仅是满足紧急情况下流动性支持的需要，更是服务于正常情况下的跨境贸易和投资的需要。利用各自的货币作为双边贸易结算货币，可以促进以双边货币作为计价货币的双边直接投资。伴随"一带一路"沿线国家本币结算的范围和规模的不断扩大，如果各国在经常项下和资本项下能够实现本币兑换和结算，就可以大大降低流通成本，增强抵御金融风险的能力，提高地区经济的国际竞争力。

最后，通过本币互换协议，推动本币计值金融资产在境外的发行和交易，也是亚洲债券市场建设的题中之意。推动亚洲债券市场的开放和发展，有助于将区域内的储蓄和投资直接相连。进一步提高区域内的投资水平，应发展亚洲债券市场所需的信用保证和投资机制，并通过本地货币计价，规避货币和期限"双重错配"。在此基础上，推动亚洲债券市场的开放和发展，强化地区金融市场的基础设施建设。

四、以融资平台体系为抓手：加强资金支持和保障

随着中国经济发展进入"新常态"，完全依靠国内资金支持"一带一路"建设并不现实。要以融资平台体系为抓手，加强资金支持和保障，共同推进亚洲基础设施投资银行、金砖国家开发银行建设，有关各方就建立上海合作组织融资机构开展磋商，加快丝路基金组建运营，深化中国—东盟银行联合体、上合组织银行联合体务实合作，以银团贷款、银行授信等方式开展多边金融合作。实现"一带一路"资金融通支持的核心问题是动力机制。例如，是通过具有较高透明度和较大金融创新力度的国际化投资机构，还是通过居民企业等私人部门参与的方式去推动？沿线国家是否是构建大量项目的投资主体？这进一步体现为跨境投融资平台体系在以下三个方面的"多元化"。

第一，投融资渠道多元化。在"一带一路"建设中，一般项目往往需要股权融资和债权融资相配合。与多元化的融资需求相对应，资

金供给的渠道不仅包括开发性金融的贷款和直接投资，还包括股权投资和债权投资。伴随将来亚洲基础设施投资银行正式启动，亚洲基础设施投资银行和丝路基金可以相互合作，进行股权或债权投资的协同与相互配合。

第二，融资模式多元化。在具体的融资模式上，需要广泛筹集和有效利用好国际资本和社会资本。例如，亚洲基础设施投资银行在成立初期将主要向主权国家的基础设施项目提供主权贷款，但融资模式方面应有所创新。例如，考虑今后设立信托基金，针对不能提供主权信用担保的项目，引入公私合作伙伴关系模式（PPP）等。需要强调的是，在合作共赢理念下，应在运营组织上强调合作，在资金运营上突出共赢。

第三，投资结构多元化。通过亚洲基础设施投资银行和所在国政府出资，同时还将动员主权财富基金、养老金以及更多社会资本投入"一带一路"沿线发展中国家的基础设施建设。通过基础设施和基建投资，推动地区发展，在实施过程中要特别注意战略风险和战术重构。此外，还应加强与跨国公司的相互合作，形成多元化的投资结构，从而规避可能遇到的主权违约风险和战略风险。

五、用活巨额外汇储备：稳步推进人民币国际化

亚洲国家为应对国际金融危机而自保持有大量外汇储备。对此，"一带一路"沿线特别是亚洲各国可以拿出其庞大外汇储备的一部分来投资于亚洲债券市场，进而可能间接促进亚洲内部的金融一体化。对于中国，丝路基金于2014年底成立，首期资本金100亿美元中，外汇储备出资占65%。2014年4月20日，巴基斯坦水电开发项目作为丝路基金对外投资"首单"项目在习近平总书记访问巴基斯坦期间正式签署。随着"一带一路"战略的推进，中国将利用庞大的外汇储备向国有"政策性银行"注入620亿美元。与目前中国外汇储备主要投资于收益较低的美国国债相比，增加外汇贷款有可能帮助中国提高外汇储备使用效益。总之，为配合"一带一路"战略的实施，中国在拓宽外汇储备使用渠道方面已经做出了有益尝试。

伴随中国国际收支进入"经常账户顺差、资本项目逆差"新常态，加快将人民币国际化发展模式从"贸易项目下输出"向"资本项目下输出"转变，扩大境外人民币资金存量，形成规模效应，恰逢其时。对此，应支持沿线国家政府和信用等级较高的企业以及金融机构在中国境内发行人民币债券。符合条件的中国境内金融机构和企业可以在境外发行人民币债券和外币债券，鼓励在沿线国家使用所筹资金。在"一带一路"金融运作过程中，逐步形成以人民币为核心的联动体系，依托"一带一路"实体经济可持续发展，人民币国际化将与中国国际收支"新常态"及汇率市场化形成机制改革形成良性互动正向循环。

第二节　金融双向开放新通道：自贸试验区金融创新

人民币输出、回流和循环的大平衡，均与人民币资本项目尚未实现完全可兑换背景有关。目前，人民币资本项目可兑换的差距主要集中在跨境证券交易以及个人资本交易两大方面。对目前仍不可兑换或部分可兑换的项目，允许以人民币进行交易，跨境人民币业务不但可以成为实现人民币资本项目可兑换的突破口，而且人民币跨境使用扩展到资本领域，也会对实现人民币资本项目可兑换产生积极影响。从对国际储备货币开放拓展为对本币开放，这不但是中国资本账户开放在新形势下的创新，也为形成经济运行管理新模式提供改革契机。

一、"账户通道"：自由贸易账户

在全球背景下，太平洋伙伴关系协定（TPP）、跨大西洋贸易与投资伙伴关系协定（TIPP）以及区域全面经济伙伴关系（RCEP）等超大自由贸易区和自由贸易协定谈判逐渐成为经济全球化的重要驱动力。国际贸易投资新体系正在全球范围内重构，中国需要尽快融入其中。

建立自由贸易试验区是中国应对国际经济新格局的主动战略，进一步融入经济全球化的重要载体和试验"负面清单管理"的重要平台。[①]对此，在《中国人民银行关于金融支持中国（上海）自由贸易试验区建设的意见》中，分账管理的账户体系成为金融开放创新的核心内容。2014 年 5 月，上海自贸试验区"自由贸易账户"（FT 账户）正式使用，这成为探索投融资汇兑便利、扩大金融市场开放和防范金融风险的一项重要的制度安排（参见图 2 - 1）。

1. FT 账户的资金划转

根据《中国人民银行关于金融支持中国（上海）自由贸易试验区建设的意见》中的第五条"居民自由贸易账户与境外账户、境内区外的非居民账户、非居民自由贸易账户以及其他居民自由贸易账户之间的资金可自由划转"，具体参见图 2 - 1。

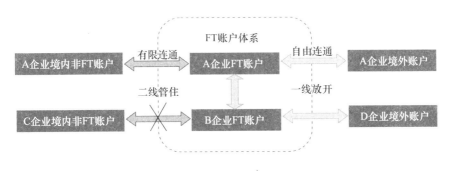

图 2 - 1　自由贸易账户体系示意图

第一，"居民自由贸易账户与境外账户之间的资金可自由划转"对应为若 A 企业为居民，A 企业 FT 账户与 A 企业境外账户之间自由联通。

第二，"居民自由贸易账户与境内区外的非居民账户之间的资金可自由划转"对应为若 B 企业为居民、A 企业为非居民，B 企业 FT 账户与 A 企业境内非 FT 账户之间有限连通。

第三，"居民自由贸易账户与非居民自由贸易账户之间的资金可自由划转"对应为若 B 企业为居民、A 企业为非居民，B 企业 FT 账户与

① 李扬、张晓晶：《失衡与再平衡——塑造全球治理新框架》，中国社会科学出版社 2013 年版。

A 企业 FT 账户之间自由连通。

第四，"居民自由贸易账户与其他居民自由贸易账户之间的资金可自由划转"对应为若 A 企业和 B 企业均为居民，A 企业 FT 账户与 B 企业 FT 账户之间自由连通。

2. "电子围网式"金融环境下 FT 账户的本外币资金兑换

根据《中国人民银行关于金融支持中国（上海）自由贸易试验区建设的意见》中第六条"居民自由贸易账户及非居民自由贸易账户可办理跨境融资、担保等业务。条件成熟时，账户内本外币资金可自由兑换"，这意味着，对于境外企业，拥有了自由贸易账户就可以按照准入前国民待遇原则获得相关金融服务；而对于境内企业，则意味着它们拥有了一个（在条件成熟时）能够和境外资金自由汇兑的账户。

正如"十三五"规划纲要在第五十章"健全对外开放新体制"第三节"扩大金融业双向开放"中所提出的要"逐步建立外汇管理负面清单制度。放宽境外投资汇兑限制，改进企业和个人外汇管理"。① 作为重要的金融基础设施，自由贸易账户体系的本质是构建"电子围网式"的金融环境，自由贸易账户的可兑换安排，基于分账核算管理的风险防控机制，在前期运行中体现了"防火墙"作用。在此基础上，可建立以资本项目可兑换和金融服务业开放为目标的金融创新制度。

二、"业务通道"：人民币双向资金池、"内保外贷"和"外保内贷"

1. 人民币双向资金池

为便利境内外投融资，上海自贸试验区实行了人民币双向资金池业务。跨境双向人民币资金池业务是指集团境内外成员企业之间的双向资金归集业务，属于企业集团内部的经营性融资活动（参见图 2-2）。

境外子账户和主账户之间，境内子账户和主账户之间，资金均可双向自由划转，跨境或跨区的资金净流入或净流出都不算外债，无额

---

① 参见《中华人民共和国国民经济和社会发展第十三个五年规划纲要》，《人民日报》2016 年 3 月 18 日第 15 版。

区内注册企业直接作为主账户

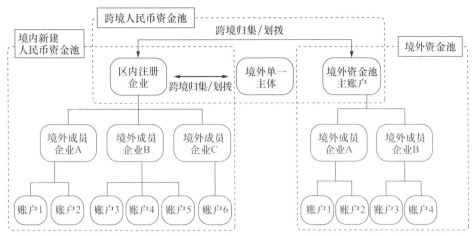

图 2—2　人民币双向资金池构架示意图（境内新建资金池模式）

度限制。集团内部成员企业之间的双向资金划转属于集团内的经营性融资活动，没有经常项下对价交易关系，是一种资金调拨行为，从而有利于集团统一集中管理资金，互调余缺，降低对集团外部的融资依赖和财务成本。该业务实质是实现境内人民币资金池与境外人民币资金池的双向流通。由于对人民币双向资金池业务实行上限管理，跨境人民币资金净流入额上限＝资金池应计所有者权益×宏观审慎政策系数。2015 年 9 月，中国人民银行对双向跨境人民币资金池政策进行了调整，跨境人民币资金净流入额上限的宏观审慎政策系数提高到 0.5（原来为 0.1）。中国人民银行在扩大了跨境人民币净流入额度上限的同时，也进一步降低了参与跨境双向人民币资金池业务企业的门槛，以便利跨国企业集团开展跨境双向人民币资金池业务。对此，"十三五"规划纲要在第五十章"健全对外开放新体制"第三节"扩大金融业双向开放"中明确提出"放宽跨国公司资金境外运作限制，逐步提高境外放款比例"。[①]

2. 内保外贷和外保内贷

作为境内企业境外借款的方式之一，企业可通过内保外贷从境外

　　① 参见《中华人民共和国国民经济和社会发展第十三个五年规划纲要》，《人民日报》2016 年 3 月 18 日第 15 版。

银行为境外机构提供融资。内保外贷是指担保人注册地在境内、债务人和债权人注册地均在境外的跨境担保。为了满足企业境内融资需要，境内企业可通过外保内贷，基于境外公司的信用，从境内银行取得融资。外保内贷是指担保人注册地在境外，债务人和债权人注册地均在境内的跨境担保。2014 年 5 月，国家外汇管理局发布了《跨境担保外汇管理规定》。对于内保外贷，新政策在取消担保事前审批、担保履约核准和大部分资格条件限制的同时，仍然保留了签约环节的逐笔登记。对于外保内贷，在符合相关限制性条件的情况下，新政策允许中外资企业自行签约，并允许在净资产 1 倍内办理担保履约，统一并大幅度改善境内中外资企业的外保内贷政策。《跨境担保外汇管理规定》基于简政放权和职能转变的思路，在使跨境担保活动整体上更为便利的同时，也进一步推进了资本项目可兑换水平。

三、"产品通道"：沪港通和银行间债券市场开放

1. 沪港通

如果说中国（上海）自由贸易试验区是通过"账户渠道"联通国内外市场，沪港通则是通过"产品渠道"为人民币输出和境外人民币回流（投资国内市场）提供新选择，进而实现市场的直接开放。沪港通是沪港股票市场互联互通的机制。"沪港通"采取了额度控制机制（例如香港地区投资者投资上交所的资金单日净流入上限为 130 亿元人民币），以防止"沪港通"对中国资本项目产生冲击。

2. 银行间债券市场开放

2015 年 7 月 14 日，人民银行发布了关于境外央行、国际金融组织、主权财富基金运用人民币投资银行间市场有关事宜的通知，境外央行类机构可以不受额度限制进入中国银行间债券市场和中国银行间外汇市场进行投资。另外，境内机构也逐步开始到境外发行人民币债券。伴随债券市场的开放程度进一步提升，人民币国际化和资本项目可兑换再进一程。正如"十三五"规划纲要在第五十章"健全对外开放新体制"第三节"扩大金融业双向开放"中所提出的"推进资本市场双向开放，提高股票、债券市场对外开放程度，放宽境内机构境外

发行债权，以及境外机构境内发行、投资和交易人民币债券"。①

四、对金融双向开放新通道的再思考

1. 从收益性看，人民币国际化的根本目的究竟是什么？

在根本上是促进中国的结构调整和增长效率提升，为形成新国际增长引擎提供货币汇率条件。推动创造稳定的国际货币环境，提升我国对世界经济影响力，并且在全球经济调节中获得优势地位。首先要坚持金融服务实体经济原则，促进贸易和投资自由化、便利化，稳步扩大人民币跨境使用。为此，以服务"贸易投资和产业链升级"为重点，从巩固人民币计价结算货币地位，向支持人民币的市场交易和国际储备功能推进。

2. 从流动性看，"一线放开，二线管住"适用于自贸试验区金融创新吗？

自贸试验区金融创新结合人民币跨境流动影响与外汇跨境流动不同，按币种划分原则，基于自由贸易账户（FT 账户），采取宏观审慎原则实现"一线放开"；采取"有限渗透＋严格管理"原则实现"二线管住"。但资金与货物不同，货物放在保税区就是"一线放开，二线管住"，资金实际上不好实现，资本项目可兑换的最大风险之一也在于跨境资金大进大出。

3. 从风险性看，宏观审慎管理框架下外债和资本流动管理体系关键点在哪里？

综合考虑资产负债币种、期限匹配原则，从宏观到微观全面掌握我国国际收支运行。对套利、套汇交易及衍生交易等短期投机性资本进行微观和宏观审慎管理。对外债，要合理控制外债规模，优化外债结构，健全本外币全口径外债和资本流动审慎管理框架体系，以有效防控系统性风险。

---

① 参见《中华人民共和国国民经济和社会发展第十三个五年规划纲要》，《人民日报》2016 年 3 月 18 日第 15 版。

第三节 金融双向开放的汇率与国际收支基础

一、人民币汇率形成机制的新近改革动态

按照让市场在汇率形成中发挥越来越大作用的既定改革方向，自2014年3月17日起，人民币对美元汇率交易价日浮动区间由1%扩大至2%，这是贯彻落实党的十八届三中全会精神，发挥市场在资源配置中的决定性作用的重大举措。

1. 银行间外汇市场即期人民币对美元浮动幅度进一步扩大至2%

2014年3月，中国人民银行发布公告，称决定扩大外汇市场人民币对美元汇率浮动幅度。自2014年3月17日起，银行间即期外汇市场人民币对美元交易价浮动幅度由1%扩大至2%，即每日银行间即期外汇市场人民币对美元的交易价可在中国外汇交易中心对外公布的当日人民币对美元中间价上下2%的幅度内浮动。伴随人民币汇率市场化形成机制改革的进一步推进，人民币将与主要国际货币一样，更为充分弹性的双向波动将成为人民币汇率动态的新常态。

2. 进一步完善银行结售汇业务监管制度

为保障外汇市场平稳运行，中国人民银行对《外汇指定银行办理结汇、售汇业务管理暂行办法》进行了修订，于2014年6月22日发布了《银行办理结售汇业务管理办法》，自2014年8月1日起施行，体现了简政放权、构建合理监管体系的改革思路。主要修订内容包括：一是将结售汇业务区分为即期结售汇业务和人民币与外汇衍生产品业务，分别制定管理规范；二是降低银行结售汇业务市场准入条件，简化市场准入管理；三是转变银行结售汇头寸管理方式，赋予银行更大的自主权，以充分发挥市场主体在外汇业务发展中的主观能动性；四是取消部分行政许可和资格要求，实现以事前审批为重点向以事后监管为重点的转变；五是根据外汇实践发展，修订部分罚则内容。

3. 常态式干预的逐步退出

根据央行公布的数据，2014 年 1 月至 3 月的金融机构月均新增外汇占款规模约为 2516.03 亿人民币，并且月均新增规模大幅回落。从最新数据来看，央行公布的 2014 年 7 月新增外汇占款（由负转正）和外管局公布的 2014 年 7 月结售汇顺差（大幅下降）的数据，表明央行外汇占款不再快速增长，进而意味着金融机构外汇占款失去了继续高速扩张的动力。目前，央行正在逐步退出外汇市场的日常干预。

4. 实现与多种非美元货币的直接兑换

目前，银行间外汇市场开展人民币对日元、澳元、新西兰元、英镑等直接交易，降低了人民币汇兑成本。以人民币对英镑汇率中间价为例，2014 年 6 月 19 日起银行间外汇市场开展人民币对英镑直接交易，人民币对英镑汇率中间价形成方式予以改进，由此前根据当日人民币对美元汇率中间价以及美元对英镑汇率套算形成改为根据直接交易做市商报价形成，即中国外汇交易中心于每日银行间外汇市场开盘前向银行间外汇市场人民币对英镑直接交易做市商询价，将直接交易做市商报价平均，得到当日人民币对英镑汇率中间价。此外，中国外汇交易中心还发布了人民币对 84 种未挂牌交易货币参考汇率，使用人民币计价结算更加方便。上海清算所集中清算代理人民币利率互换（IRS）业务，构建利率与汇率的市场联动机制，使人民币汇率形成机制逐步完善。

二、人民币兑美元汇率中间价形成机制改革最新动态

1. "8·11" 汇改[1]

2015 年 8 月 11 日，中国人民银行宣布完善人民币汇率中间价形成机制，做市商在每日银行间外汇市场开盘前，参考上日银行间外汇市场收盘汇率，综合考虑外汇供求情况以及国际主要货币汇率变化向中国外汇交易中心提供中间价报价。一方面在机制上加大市场供求对汇

---

[1] 中国人民银行货币政策分析小组：《中国货币政策执行报告》，2015 年第三季度，中国人民银行官网。

率形成的决定性作用，提高中间价的市场化程度；另一方面则顺应市场的力量对人民币汇率适当调整，使汇率向合理均衡水平回归。

2. 人民币汇率指数[1]

2015 年 12 月 11 日，中国外汇交易中心（CFETS）发布人民币汇率指数。该指数参考 CFETS 货币篮子，具体包括中国外汇交易中心挂牌的各人民币对外汇交易币种，样本货币权重采用考虑转口贸易因素的贸易权重法计算而得。样本货币取价是当日人民币汇率中间价和交易参考价，指数基期是 2014 年 12 月 31 日，基期指数是 100 点。CFETS 人民币汇率指数的公布，为市场转变观察人民币汇率的视角提供了量化指标，能够更加全面和准确地反映市场变化情况，有助于引导市场改变过去主要关注人民币对美元双边汇率的习惯，逐渐把参考一篮子货币计算的有效汇率作为人民币汇率水平的主要参考系，有利于保持人民币汇率在合理均衡水平上的基本稳定。

3. "收盘汇率 + 一篮子货币汇率变化" 中间价报价[2]

2015 年 8 月 11 日，强调人民币兑美元汇率中间价报价要参考上日收盘汇率，以反映市场供求变化。2015 年 12 月 11 日，中国外汇交易中心发布人民币汇率指数，强调要加大参考一篮子货币的力度，以更好地保持人民币对一篮子货币汇率基本稳定。基于这一原则，目前已经初步形成了 "收盘汇率 + 一篮子货币汇率变化" 的人民币兑美元汇率中间价形成机制。

"收盘汇率 + 一篮子货币汇率变化" 是指做市商在进行人民币兑美元汇率中间价报价时，需要考虑 "收盘汇率" 和 "一篮子货币汇率变化" 两个组成部分。其中，"收盘汇率" 是指上日 16 时 30 分银行间外汇市场的人民币对美元收盘汇率，主要反映外汇市场供求状况。"一篮子货币汇率变化" 是指为保持人民币对一篮子货币汇率基本稳定所要求的人民币对美元双边汇率的调整幅度，主要是为了保持当日人民

---

[1] 参见全国人大财政经济委员会、国家发展和改革委员会编写：《〈中华人民共和国国民经济和社会发展第十三个五年规划纲要〉解释材料》，中国计划出版社 2016 年版。

[2] 中国人民银行货币政策分析小组：《中国货币政策执行报告》，2016 年第一季度，中国人民银行官网。

币汇率指数与上一日人民币汇率指数相对稳定。做市商在报价时既会考虑 CFETS 货币篮子，也会参考 BIS 和 SDR 货币篮子，以剔除篮子货币汇率变化中的噪音，在国际市场波动加大时，有一定的过滤器作用。

具体来看，每日银行间外汇市场开盘前，做市商根据上日一篮子货币汇率的变化情况，计算人民币对美元双边汇率需要变动的幅度，并将之直接与上日收盘汇率加总，得出当日人民币兑美元汇率中间价报价，并报送中国外汇交易中心。由于各家做市商根据自身判断，参考三个货币篮子的比重不同，对各篮子货币汇率变化的参考程度也有所差异，各家做市商的报价存在一定差异。中国外汇交易中心将做市商报价作为计算样本，去掉最高和最低的部分报价后，经平均得到当日人民币兑美元汇率中间价，于 9 时 15 分对外发布。假设上日人民币兑美元汇率中间价为 6.5000 元，收盘汇率为 6.4950 元，当日一篮子货币汇率变化指示人民币对美元双边汇率需升值 100 个基点，则做市商的中间价报价为 6.4850 元，较上日中间价升值 150 个基点，其中 50 个基点反映市场供求变化，100 个基点反映一篮子货币汇率变化。这样，人民币兑美元汇率中间价变化就既反映了一篮子货币汇率变化，又反映了市场供求状况，以市场供求为基础、参考一篮子货币进行调节的特征更加清晰。

4. 当前不存在人民币汇率持续贬值的基础

中国人民银行在 2015 年第三季度《中国货币政策执行报告》中指出[①]：从国际国内经济金融形势看，当前不存在人民币汇率持续贬值的基础。一是我国经济增速相对较高。2015 年前三季度，面对复杂严峻的国际国内环境和各种困难挑战，我国经济仍增长 6.9%，从全球横向比较看保持了较高的增速。近期主要经济指标总体较为平稳，经济运行有积极变化，为人民币汇率保持稳定提供了良好的宏观经济环境。二是我国经常账户长期维持顺差，2015 年前三季度货物贸易顺差达 4241 亿美元，这是决定外汇市场供求的主要基本面因素，也是支持人

---

① 中国人民银行货币政策分析小组：《中国货币政策执行报告》，2015 年第三季度，中国人民银行官网。

民币汇率的重要基础。三是近年来人民币国际化和金融市场对外开放进程加快，境外主体在贸易投资和资产配置等方面对人民币的需求逐渐增加，为稳定人民币汇率注入了新动力。四是市场预期美联储加息导致美元在较长一段时间走强，市场对此已基本消化。未来美联储加息这一时点性震动过后，相信市场会有更加理性的判断。五是我国外汇储备充足，财政状况良好，金融体系稳健，为人民币汇率保持稳定提供了有力支撑。

三、金融双向开放的收支基础："新常态"下中国国际收支格局变化

1. 结构调整下经常账户顺差与"新常态"下资本金融账户变化

根据开放经济恒式 CA = S − I，经常账户顺差占 GDP 的比重与国内的储蓄率和投资率相对应。因此，经常账户顺差及其构成发生变化受到国内重要因素的影响。回顾改革开放以来，投资占 GDP 的比重（即投资率，用 INVEST 表示）、总储蓄占 GDP 的比重（即储蓄率，用 SAVING 表示）、进出口总额占 GDP 的比重（即对外贸易依存度，用 OPEN 表示）、劳动年龄人口占比（即人口红利，用 LABOR 表示）的走势及变化，具体参见图 2 − 3。尽管中国拥有庞大的国内市场，但经济发展在很大程度上依赖于对外经济交流（OPEN 不断增大），并且在对外开放国内外市场相互融合过程中，自身的人口红利得以释放，直到全球金融危机爆发后开始出现转折。这部分解释了"旧常态"二十多年为什么能够实现持续的高速增长。

资本账户和金融账户是分别用于反映非金融交易以及经济体对外净贷款（或净借款）的分配和筹措的国际账户。近年来，资本和金融项目顺差已成为中国国际收支顺差、外汇储备增加的主要来源。但是，自 2014 年下半年以来，参见图 2 − 4，与 2012 年相似，资本和金融项目再次转为逆差。从资本和金融项目的变动情况来看，资本项目自 2005 年以来保持顺差，而金融项目的顺差相对较大并且 2001 年以来波动有所增加。自 2014 年第二季度以来，资本和金融项目都呈现逆差。目前，资本和金融项目变动已成为推动国际收支趋向自主性平衡的重要因素。

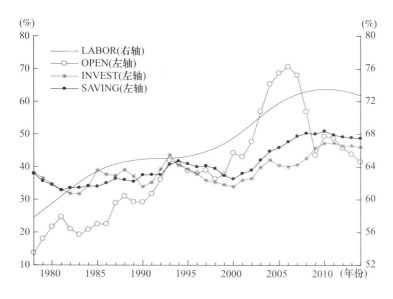

图 2-3 人口红利与投资率等年度走势

资料来源：笔者根据 CEIC 相关数据计算而得。

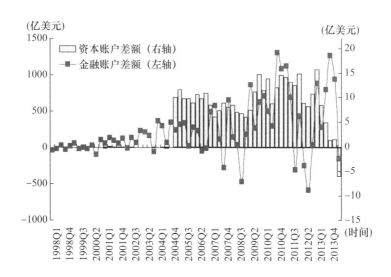

图 2-4 中国资本项目和金融项目益差额状况

资料来源：国家外汇管理局。

2. 货物贸易顺差、服务贸易逆差及服务贸易结构调整与优化

中国经常账户顺差的主要来源是货物贸易顺差（参见图2－5）。

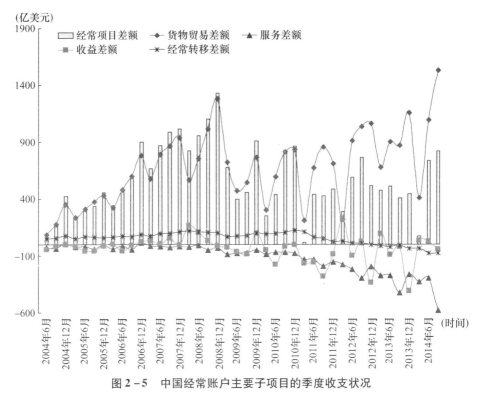

图2－5　中国经常账户主要子项目的季度收支状况

资料来源：国家外汇管理局。

2013 年中国已成为世界第一货物贸易大国。按国际收支统计口径，2013 年中国货物进出口总额是 40781 亿美元，首次突破 4 万亿大关，其中出口 22190 亿美元，货物贸易顺差 3599 亿美元。[1] 服务贸易由于中国国内居民出国旅游、留学等消费正处于上升期，其逆差也在不断扩大。虽然中国已成为世界第一货物贸易大国，但是服务贸易还不够优化，表现为在服务贸易的出口结构中保险、咨询服务、金融服务等技术知识密集型的服务出口占比还相对较低。在经济"新常态"下，

---

① 国家外汇管理局国际收支分析小组：《2013 年中国国际收支报告》，国家外汇管理局官方网站，2014 年 4 月 4 日。

中国力求转变过去以出口和投资带动经济的模式，努力提高消费（特别是服务业）的作用。在国家优化贸易结构的政策导向下，一方面，货物贸易结构调整进一步优化；另一方面，贸易附加值较高的服务贸易也得到较快发展。就服务贸易而言，其种类繁多，是国际账户中子项目最多的分账户，从出国旅游、留学到乘坐外航承运的国际航班，从跨境法律、会计咨询服务到向非居民支付或收取金融中介服务费用，从使用他国的加工服务到使用他国的知识产权，无不纳入其中。[①] 2015年中国的服务贸易逆差，主要逆差项目为旅行、运输及知识产权使用费等，参见图2-6，其中的旅行支出快速增长是最主要原因。这反映了中国经济的结构调整，即经济转向更大程度上靠消费带动增长。此外，近年来初次收入中的投资收益项目始终是逆差，尽管中国仍然维持较大的对外金融净资产，但投资收益逆差的状况在未来仍可能会持续，究其原因，不但与对外投资回报及利用外资成本有关，而且也反映出进一步优化对外投资结构，提高投资效率任重而道远。

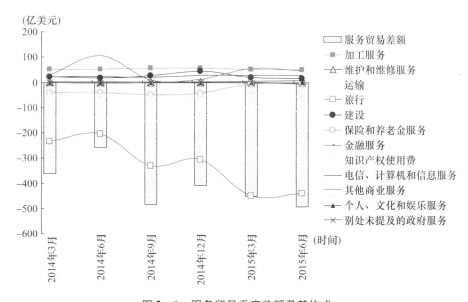

图2-6 服务贸易季度差额及其构成

资料来源：笔者根据 CEIC 相关数据计算而得。

[①] 国家外汇管理局国际收支司：《诠释国际收支统计新标准》，中国经济出版社2015年版，第93页。

3. 贸易条件改善与贸易顺差可持续

由于大宗商品价格大幅下跌，自 2014 年第三季度至 2015 年上半年，进口价格指数回落，中国贸易条件明显改善，为货物贸易顺差较快增长以及福利改善提供了一定的空间。从导致中国经常账户顺差结构发生改变的重要外部冲击因素来看，受全球金融危机的影响，大宗商品价格的剧烈波动，导致中国的进口产品价格及贸易条件的波动，成为货物贸易差额变化的重要原因。参见图 2 - 7，2007 年第一季度至 2015 年第二季度期间，中国贸易条件与货物贸易季度差额呈现同向相似变动。将这二者相联系，不仅是因为贸易条件波动与货物贸易顺差变化两者之间密切关联，更重要的是贸易条件波动会带来福利变化，甚至影响国家财富。这方面的不利影响更多地体现在进口产品价格大幅度增长、贸易条件恶化时期。[①] 作为交换比价，贸易条件是出口商品单位价格指数与进口商品单位价格指数之比，其表示的是一国对外交往中价格变动对实际资源的影响，贸易条件下降表示贸易条件恶化，即出口相同数量的商品可换回较少数量的进口商品。[②] 2009 年至 2011 年是中国贸易条件恶化，再次下降回落至 2008 年最低水平的受到全球金融危机冲击影响的时期。在此前和此后期间，伴随大宗商品价格出现下跌，中国贸易条件得以改善，货物贸易顺差持续呈现稳中有升的发展态势。

4. 直接投资净流入、证券投资顺差与其他投资差额波动

伴随外国在华直接投资差额稳中有增，中国在外直接投资差额基本稳定，境内企业"走出去"步伐加快。在"三期叠加"经济背景下，外国来华直接投资（FDI）由流入高增长向相对平稳转变。此外，2011 年以来每年第四季度外国在华直接投资远超其他季度，这一方面与地方政府考核压力以及企业将投资收益转为资本有关；另一方面，在年末，外商投资企业结算投资收益后，将投资收益转为资本，进一步扩大投资，这会增加外商直接投资规模，但相应地会造成投资收益

---

① 宋国青：《利率是车　汇率是马》，北京大学出版社 2014 年版，第 328 页。

② 姜波克：《国际金融新编》（第五版），复旦大学出版社 2012 年版，第 36 页。

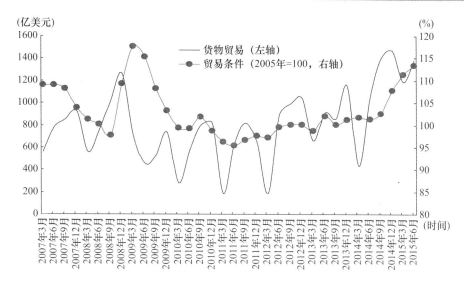

图 2-7　货物贸易季度差额与贸易条件指数

资料来源：笔者根据 CEIC 相关数据计算而得。

的减少。自 2011 年以来，中国证券投资项目基本上呈现顺差态势。这主要是由于银行部门减少对外证券投资配置，以及合格境内机构投资者（QDII）净汇出资金减少、合格境外机构投资者（QFII）和人民币合格境外机构投资者（RQFII）境内投资增加。自 2008 年国际金融危机以来，中国其他投资项下顺差逆差转化频繁且较为剧烈。例如，2013 年第三季度其他投资净流入 358 亿美元，而 2014 年第二季度则转为净流出 695 亿美元。在人民币利率水平相对境外较高、人民币汇率升值条件下，境内企业"资产本币化、负债外币化"的财务操作，意味着当存在对外支付需求时，不是买外汇而是借外汇，从而会积累大量外债。

　　值得注意的是，在一般经济分析和文献中如资本项目可兑换的资本账户实际上对应的是非储备性质的金融账户。[①] 2015 年上半年，非储备性质的金融账户逆差 1258.9 亿美元，上年同期为顺差 782 亿美元。从 2014 年第三季度到 2015 年第一季度，非储备性质的金融账户

---

① 国家外汇管理局国际收支司：《诠释国际收支统计新标准》，中国经济出版社 2015 年版，第171 页。

逆差从 91 亿美元不断扩大至 983 亿美元，2015 年第二季度又大幅回落至 276 亿美元。其中，逆差（即净资产增加，下同）主要来自于其他投资——其他投资逆差 1931 亿美元，比上年同期的逆差 517 亿美元大幅扩大 2.73 倍，其次来自证券投资——证券投资逆差 240.9 亿美元，上年同期为顺差 369 亿美元。这表明伴随境内机构和个人的对外资产增多，"藏汇于民"效果增大。逆差的抵消项是直接投资——直接投资净流入 920 亿美元，同比下降 1.1%。值得注意的是，一方面，直接投资净流入小幅收窄主要是伴随国内企业"走出去"步伐不断加快，对外直接投资增速超过外国来华直接投资增速所导致。另一方面，其他投资项下资本流动已成为影响中国国际收支状况的重要因素。

第四节　金融双向开放与资本项目可兑换：宏观审慎管理

一、金融双向开放外部挑战：美元汇率周期与全球实际利率汇率分化

在美元本位和汇率浮动下，美元倾销既无约束又无清偿保障，美元贬值驱动资产重估（dollar devaluation - lcd revaluation），估值效应（valuation effect）导致国家间财富非对称转移，最大限度地保护了美国的利益，中国外汇储备大国资产安全受到威胁。如何从货币汇率战略层面提升自身货币状态抵消美元的束缚，尽快摆脱美元陷阱，在有效推进人民币国际化进程的同时保证国内金融体系和资产定价体系在长期内免受重大冲击已迫在眉睫！

1. 美元汇率指数周期模式与全球流动性周期模式

从布雷顿森林体系解体至今的四十多年间，美元汇率指数呈现一定的周期律。参见图 2 - 8，1973~1979 年 6 年"M"型调整期，1979~1985 年 6 年升值期，1985~1988 年 3 年贬值期；1988~1995

年 7 年 "M" 型调整期，1995～2002 年 7 年升值期，2002～2005 年
3 年贬值期；2005～2012 年 7 年 "M" 型调整期，2012 年以后再次
进入升值期。美元汇率指数上述的 "M 型调整期→升值期→贬值期"
构成了一轮完整的周期，伴随每次升值拐点后的贬值期结束，通过
"M" 型调整期进行缓冲和调整，弱势美元触底后开始升值反弹，直
至强势美元回归跃升到波峰，进而每每走出长达 6～7 年的升值期。
如果上述美元周期模式成立，那么本轮美元汇率升值将很可能会持
续到 2019 年。

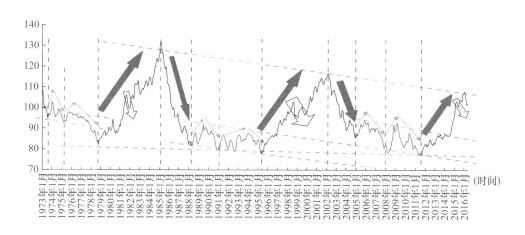

图 2－8　实际美元指数（美元对主要货币外汇价值广义指数，1973 年 3 月＝100）

资料来源：美联储、Wind 资讯。

值得注意的是，从 1979 年至今，参见图 2－8：第一，美元汇率指
数升值的波峰连线呈现下行态势，与之相平行，每个 "M" 型调整期
波峰谷底也呈现相同斜率但宽窄不一的箱体式调整；第二，美元汇率
指数升值的波峰连线呈下行态势实际上可能与如图 2－8 所示的美国十
年期国债收益率持续下行由于 "利率平价" 存在关联；第三，美元汇
率指数的浪谷谷底连线基本水平，某种程度上表明美国可能存在美元
汇率指数不会跌破最低汇率水平的底线承诺（这与瑞士法郎作为避险
货币，瑞士国家银行 SNB 承诺本币汇率不会升值到 1.2 瑞士法郎＝1
欧元的底线承诺相类似）；第四，与瑞士法郎作为避险货币的升值底线

不同，美元汇率指数无论是升值还是贬值都有实际意义上的底线承诺效应。通过美元本位下的无限扩张（特别是国际金融危机后的量化宽松），央行不仅具有重组本币置换其他关键货币以压低自身强通货的资源和能力，也具有应对本币汇率贬值俯冲浪谷冲击的能力，并且伴随美元汇率贬值释放大量流动性，在消化自身对外债务负担的同时为后续强势美元积聚动能，伴随美元汇率升值引致全球流动性回流，引发其他金融脆弱国家危机爆发。

2. 国际金融危机后主要经济体实际利率汇率出现分化

伴随美国贸易赤字不断扩大，美国的长期实际利率不断下降。从 2000 年开始，较低的实际利率促使美国房地产价格不断高涨，鼓励美国人借钱消费，并且大大超过国民收入。从主要经济体长期实际利率走势来看，参见图 2-9，在 1998 年到 2010 年期间，美国、英国、德国、日本的十年期国债收益率减去各自的通胀率得到的长期实际利率均呈现出相互靠拢的显著特征。国际金融危机后，从中国与美国的十年期国债实际收益率走势来看，两者在趋势上基本一致，特别是 2015 年

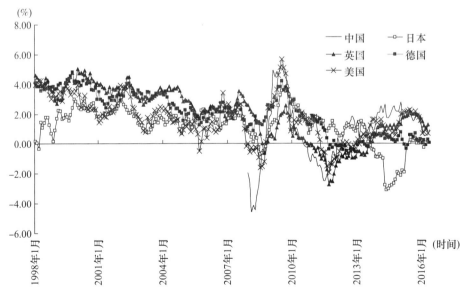

图 2-9　美国、英国、德国、日本、中国的十年期国债实际收益率走势

（日度数据月均值）

资料来源：Wind 资讯。

下半年到 2016 年初甚至基本重合。这在某种程度上表明两国市场的相互联通和货币政策的相互影响。再从实际有效汇率走势来看，参见图 2 - 10，1998 年至今，主要经济体实际有效汇率呈现较大波动。其中，人民币和卢布是较为明显上行的实际升值货币，日元是震荡下行的实际贬值货币。值得注意的是，以 2010 年为分界点，不论是长期实际利率还是实际有效汇率，主要经济体之间均呈现出一定的分化特征。

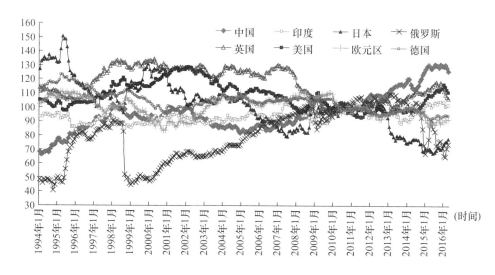

图 2 - 10　全球主要经济体实际有效汇率 REER（2010 年 = 100，间接标价法）
资料来源：BIS。

二、国际收支其他投资项下资本流动与宏观审慎管理

其他投资是指未包括在直接投资、证券投资、金融衍生产品和雇员认股权以及储备资产项下的头寸和交易，包括其他股权、货币和存款、贷款、保险、养老金和标准化担保计划、贸易信贷和预付款、其他应收/应付款以及特别提款权分配等子项目。[①] 值得注意的是境外对我国其他投资项下资金净流入也即我国对外负债净增加。如前所述，

① 国家外汇管理局国际收支司：《诠释国际收支统计新标准》，中国经济出版社 2015 年版，第 263 页。

截至 2015 年上半年，中国的其他投资项下净资产增加 1931 亿美元，同比增长 270%。参见图 2－11，贷款差额、贸易信贷差额以及货币和存款差额是 2015 年上半年其他投资项下净资产增加的主要来源。其中，人民币负债的变化是导致 2015 年第二季度货币和存款类资金变化的主要原因。

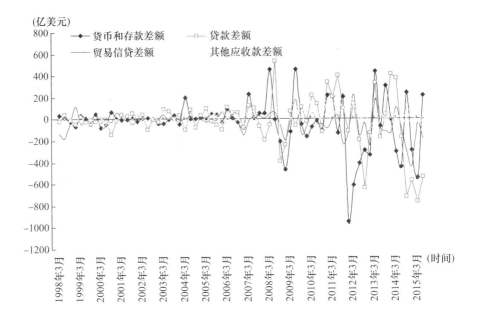

图 2－11　其他投资主要子项目季度差额

资料来源：笔者根据 CEIC 相关数据计算而得。

2015 年开始中国按照 SDDS 要求公布全口径外债，并将人民币外债纳入统计范围。伴随"一带一路"战略实施，以非居民持有、贸易融资等形式表现出来的人民币外债可能将会继续增长。[1] 人民币外债，是指在我国境内经济主体与境外经济主体之间以人民币签约、结算并计值度量的对外负债。[2] 其出现和不断增长既是人民币国际化逐步推进

---

[1] 国家外汇管理局国际收支分析小组：《2015 年上半年中国国际收支报告》，国家外汇管理局官方网站，2015 年 9 月 30 日。

[2] 方亦思：《人民币外债管理模式探析》，《中国金融》2011 年第 21 期。

的自然结果，也是建立健全宏观审慎管理框架下的外债和资本流动管理体系的题中应有之义。因外债可能面临的规模与币种错配的风险正是资本项目可兑换的潜在风险，对此，伴随从过去规模控制逐步转向以负债率和币种匹配为核心的宏观管理，"托宾税"、无息存款准备金、外汇交易手续费等价格调节，成为抑制短期投机套利资金流出入的重要手段。[①]

总之，伴随人民币在跨境贸易的使用不断增加，企业更易于在外币和人民币之间以及在国内外融资渠道之间进行转换。鉴于短期国际资本持续大规模流出基本上都发生在国际金融危机造成全球金融市场动荡期间，随着人民币国际化的推进以及中国资本账户的进一步开放，预计未来几年内证券投资与其他投资的流动规模会继续上升，波动性将会依然处于很高的水平上。结合国际金融危机后国际资本流动的新形势的深刻变化和新兴市场国家资本管制的成功实践，IMF逐渐肯定了资本管制的作用，并提出了国际资本流动的政策框架，对中国的启示是：资本项目可兑换并不意味着对资本流动没有管理，而应逐步建立健全宏观审慎和价格管理制度框架，重视相关配套政策改革。

三、外汇储备余额变动、货币错配与外债管理

从 2014 年第三季度开始到 2015 年，中国的外汇储备余额一直呈现下降态势，截至 2015 年 9 月为 35141 亿美元。与之相应，参见图 2－12，央行外汇占款和金融机构外汇占款[②]，分别作为央行和金融机构买入外汇占用的人民币资金，在 2014 年至 2015 年上半年基本上保持稳定，直到 2015 年第三季度出现了下降。对于外汇储备余额的变动，从概念口径上看，外汇储备余额变动大于央行外汇占款余额变动。[③] 对此从现实来看，参见图 2－13，2015 年上半年以前基本符合，

---

① 易纲：《外汇管理改革开放的方向》，《中国金融》2015 年第 19 期。
② 央行外汇占款数据来自于中国人民银行统计数据→货币统计概览→货币当局资产负债表→外汇；金融机构外汇占款数据来自于中国人民银行统计数据→金融机构人民币信贷收支表→外汇买卖。
③ 国家外汇管理局国际收支司：《诠释国际收支统计新标准》，中国经济出版社 2015 年版，第 298 页。

但是进入 2015 年下半年，特别是 2015 年 8 月（人民币兑美元中间价报价机制进行了调整）出现了明显的例外，即央行外汇占款余额变动大于外汇储备余额变动。对此，汇率变化（近期美元汇率升值）所带来的账面估值波动，企业、银行等对境内本外币资产负债结构的调整，以及央行逐步淡出常态式的外汇市场干预，均可能导致外汇储备余额发生变动。

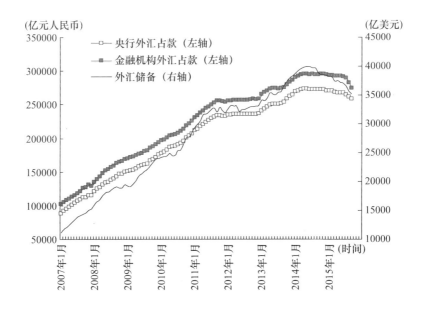

图 2-12　外汇储备余额与外汇占款

资料来源：笔者根据 Wind 资讯相关数据计算而得。

　　作为非成熟对外净债权人，我国对外净资产集中于公共部门，而银行和企业等民间部门则为对外净负债的主体，对外金融资产和负债存在较为明显的主体错配。[①] 此外，我国对外资产主要以外币计价，大部分投资于债券类资产，对外负债主要以人民币计价，大部分用于对外直接投资，美元汇率变化造成资产负债表的资产方变化大于负债方，

---

　　① 国家外汇管理局国际收支分析小组：《2014 年中国国际收支报告》，中国金融出版社 2015 年版，第 36 页。

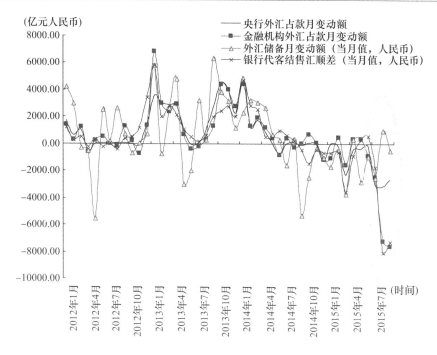

图 2 – 13　外汇占款、结售汇与外汇储备的变动额

资料来源：笔者根据 Wind 资讯相关数据计算而得。

目前中国对外资产负债的主要风险是货币错配风险。[①] 从存量角度来看，货币错配是指资产负债表（即净值）对汇率变动的敏感性。为此，加强对货币错配的审慎监管，外债管理和外汇储备管理是关键。从亚洲金融危机的经验教训来看，短期货币错配指标（短期外债对外汇储备的比率）在危机期间相对较高，甚至有上升的情况；在危机爆发后，短期货币错配指标迅速下降。[②]

对于国际资本流动需要审慎管理，而宏观审慎管理的要点在于管理外债，目的在于改变外债结构而非总量水平。例如，1994 年至 2001年期间，伴随新兴市场经济体的货币出现被动性贬值，其货币错配导

---

① 李扬、张晓晶、常欣等：《中国国家资产负债表（2015）——杠杆调整与风险管理》，中国社会科学出版社 2015 年版，第 152、170 页。

② 莫里斯·戈登斯坦、菲利浦·特纳：《货币错配——新兴市场国家的困境与对策》，李扬、曾刚译，社会科学文献出版社 2005 年版，第 16 页。

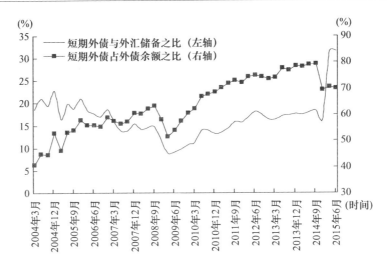

图 2-14 短期外债与外汇储备之比及短期外债比例

资料来源：Wind 资讯。

致了紧缩性的资产负债表效应，由此，许多国家采取对冲，以降低货币错配对外债的影响所可能导致的资产负债表脆弱性。从中国的数据来看，参见图 2-14，进入 2015 年，一方面，短期外债与外汇储备比率出现了大幅提升，截至 2015 年第二季度已达到 31.68%。从总体上看，中国短期外债与外汇储备的比率远低于国际上一般认为的 100% 的安全警戒线。另一方面，短期外债占外债余额比率 2015 年有所下降，基本维持在 70% 的水平上。目前，中国短期外债占比仍然较高，从而存在一定的风险隐患，应当引起高度重视。[①] 实际中在外币债务敞口以及企业杠杆融资规模较大的情况下，如果本币汇率出现大幅贬值，很可能会对企业产生冲击，并对国内货币政策和金融体系产生影响，货币错配问题需要高度关注。

---

① 国家外汇管理局《中国外债报告》编委会：《中国外债报告（2011-2013）》，中国金融出版社 2015 年版，第 28 页。

第三章　大国开放型经济的宏观
金融分析：量价齐观

第一节　马克思主义政治经济学国际收支
分析：文献启示

　　马克思在 1857 年至 1858 年期间形成了《政治经济学批判》的
"六册结构计划"，构成了马克思所要建立的政治经济学理论体系的恢
宏结构。马克思在《〈政治经济学批判〉序言》中指出："我考察资产
阶级经济制度是按照以下的顺序：资本、土地所有制、雇用劳动；国
家、对外贸易、世界市场。"遗憾的是《政治经济学批判（1857—
1858 年手稿）》是一本未完成的手稿。其中，"国家"、"对外贸易"、
"世界市场"三个分册都没有完成，而已完成的部分内容体现在了
《资本论》中。《政治经济学批判》"六册结构计划"的第五册《对外
贸易》和第六册《世界市场》主要论题是开放型经济。其中，国际收
支虽然没有直接出现，但是，马克思在《资本论》中已有所分析。在
此基础上，如何把《资本论》的基本原理和研究方法，运用于国际收
支作进一步深入研究，如何根据马克思关于《对外贸易》和《世界市
场》两册的主要论题和基本思路，按照马克思主义政治经济学的基本
范畴、基本观点来分析国际收支问题是本节的主要任务。本节是从国

际收支出发，通过概念界定和文献回顾，以此为马克思主义政治经济学国际收支分析提供思路借鉴和框架构建的基础和准备工作。

一、马克思对开放型经济的思考：从《政治经济学批判》到《资本论》

1. 马克思《政治经济学批判》"六册结构计划"的基本思路

在《〈政治经济学批判〉导言》中，马克思强调"应当这样来分篇：①一般的抽象的规定，因此它们或多或少属于一切社会形式，不过是在上面所阐述的意义上。②形成资产阶级社会内部结构并且成为基本阶级的依据的范畴。资本、雇用劳动、土地所有制。它们的相互关系。城市和乡村。三大社会阶级。它们之间的交换。流通。信用事业（私人的）。③资产阶级社会在国家形式上的概括。就它本身来考察。'非生产'阶级。税。国债。公共信用。人口。殖民地。向国外移民。④生产的国际关系。国际分工。国际交换。输出和输入。汇率。⑤世界市场和危机"。并指出"第二级和第三级的东西，总之，派生的、转移来的、非原生的生产关系。国际关系在这里的影响"。

2. "六册结构计划"中《对外贸易》和《世界市场》两分册的主要论题

按照马克思的构思，"六册结构计划"中《对外贸易》分册的议题主要包括：国际分工；国际贸易和交通工具；国际贸易中心地位的历史变迁；影响国际贸易的主要因素；国际贸易中的竞争、价值和价格、平等和不平等交换；国际贸易中的金融和信用关系；国际贸易中保护关税、自由贸易的理论与政策等。《世界市场》分册主要论题是：世界市场在资本主义商品经济和经济体系发展中的地位与意义；世界货币和价值规律在世界市场上的作用过程；世界市场上的资本流动和转移；工资的国民差异；世界市场与资本主义经济危机；世界市场的发展和资本主义经济向新的历史形式过渡的内在必然性等。

3. 《资本论》中与国际收支相关的内容提炼

马克思在《资本论》第一卷第三章"货币或商品流通"指出"世界货币的最主要职能是作为支付手段平衡国际贸易差额。由此产生重商主义体系的口号——贸易差额！"，在脚注中马克思进一步说明"重商主义体系把通过金银来结算贸易顺差当作世界贸易的目的，而重商主义体系的反对者又完全误解了世界货币的职能。我在评论李嘉图时曾详细说明，对贵金属的国际运动的错误理解，不过是反映了对调节流通手段量的规律的错误理解"。在《资本论》第三卷第三十五章"贵金属和汇兑率"，关于贵金属的流出和流入，马克思指出"金属的流出，在大多数情况下总是对外贸易状况变化的象征，而这种变化又是情况再次逐步接近危机的预兆"，"支付差额对亚洲来说可能是顺差，而对欧洲和美洲来说都是逆差"。

4. 国内学者对马克思相关分析的总结与评述

陈岱孙、厉以宁（1991）在《国际金融学说史》指出：①在马克思看来，国际收支中的支付差额和贸易差额是两个不同的概念，两者的区别表现在：贸易差额是国与国之间进行商品贸易和互相抵偿后，必须用货币偿付的余额；而支付差额是国与国之间进行国际收支结算后，必须用货币偿付的余额。②马克思认为重商主义者是资本主义社会的最初解释者，重商主义者重视的主要是对外贸易，而国际金融问题则是作为它的附属，是从贸易差额支付角度来考察的一个领域。③马克思从一国的范围分析了黄金外流和信用危机的关系，认为黄金外流并不是信用危机的原因，但如果贵金属外流是在产业周期的紧迫时间发生的，就可能促使信用危机的爆发，并且根据马克思的研究，不论在一国内，还是在国际上，信用危机和货币危机都只是生产过剩的表现，而不是它的原因。

二、国际收支概念界定：西方经典教科书和文献概览

1. 国际货币基金组织对国际收支的概念界定

国际货币基金组织 IMF 对国际收支的概念关注，从强调"经济交易的系统记录"转向"交易汇总统计表"。IMF（1977）《国际收支手册（第四版）》对国际收支的定义是："在一定时期内，一国居民对其他国家的居民所进行的全部经济交易的系统记录。"IMF（2009）《国际收支和国际投资手册（第六版）》对国际收支的定义是："某个时期

内居民与非居民之间的交易汇总统计表。"

2. 学界对国际收支的概念界定

西方学术界与国际货币基金组织对国际收支的概念界定相一致，但不同定义侧重点各有不同。一方面，如《新帕尔格雷夫货币金融大辞典》（1992）"国际收支"词条定义国际收支是指在一定时间内一国居民与国外居民发生的交易的记录。多恩布什、费希尔和斯塔兹（2014）在《宏观经济学（第十二版）》第十三章"国际联系"中也指出任何经济通过两种渠道与世界进行联系：贸易（商品和服务）与金融，国际收支是指一国居民与世界其他地方进行交易的记录。另一方面，凯夫斯、弗兰克尔和琼斯（2007）在《国际贸易与国际收支（第十版）》第十五章"国际收支账户"中对国际收支的概念界定已转向国际收支账户（Balance of Payments Accounts）。克鲁格曼、奥博斯特弗尔德和梅里兹（2015）在《国际经济学：理论与政策（第十版）》下册国际金融部分"国民收入核算与国际收支平衡"也更关注国际收支核算（Balance of Payments Accounting）概念。

3. 国际收支的重要性

国际收支对于宏微观经济和政策都很重要。正如克鲁格曼、奥博斯特弗尔德和梅里兹（2015）《国际经济学：理论与政策》（第十版）下册国际金融部分"国民收入核算与国际收支平衡"指出为了描述一国的生产水平和国际贸易情况，全面了解从事国际贸易的各国在宏观经济方面的联系，国民收入核算和国际收支核算（Balance of Payments Accounting）是重要的工具，后者不但有助于了解和追踪一国对外负债、出口竞争产业以及进口竞争产业的状况及变动，还可显示出一国对外贸易和本国货币供给的联系。《新帕尔格雷夫货币金融大辞典》（1992）"国际收支"词条中也指出，更确切地说是国际收支的分支科目的重要性，在于运用这些数据可以反映出商品贸易、劳务贸易、私人金融资产流动或官方储备流动的总值和净值变化，知道这些数据的大小可以为私人决策者提供帮助（作为表明商品或服务竞争力变化或者储蓄和投资模式变化的数据），或者能显示出调整宏观经济政策的需要。

4. 关注经常账户及其跨时分析

西方认为通过国际商品流动进行消费的跨期配置以实现居民福利最大化是对外贸易的重要目的。奥博斯特弗尔德和罗格夫（1996）在《国际宏观经济学基础》的"跨期贸易与经常账户收支平衡"中指出开放经济与封闭经济的一个基本区别在于，一个开放经济能够从世界其他国家和地区引进或输出资源，而这种资源在不同时期间的交换就是跨期贸易。在奥博斯特弗尔德和罗格夫分析框架中，国际资本市场发挥了最关键作用，在国际资本市场上，国家之间通过借贷活动进行消费品跨期交易，这种跨期交易分析方法可以解释经常账户失衡的原因。此外，在回答美国经常账户赤字是否将继续得到流入资本的金融支持的问题时，库珀（2007）指出资本流入被说成是为美国的经常账户赤字"供给资金"，尽管在会计学意义上是正确的，但问题是美国政府在大量发行高质量的美国政策债券，这些债券对外国机构很有诱惑力，但是其并不支持美国的生产性资产的增长。

三、国际收支内涵演进：国内学界分析和管理当局概念表述

1. 国际收支的概念引入与发展

在国内对国际收支的相关阐释始于民国时期。马寅初（1937）在《通货新论》中指出，"现处国际交通时代，国与国间往来频繁，经济上的收支亦日益复杂，大体可分作九项，其中投资一项，往往为调节国际收支之最重要项目"，并说明了贸易差额、经常往来差额及支付均衡三个概念。步入新世纪，陈彪如、马之骎（2000）在《国际金融学（第三版）》第一章"国际收支及其调节机制"中指出国际收支是开放经济中政府决策人的最重要经济指标之一，通常是指在一定时期内一国居民与外国居民之间进行一切经济交易的收入和支出。由于国际收支本身亦有含混不清之处，有些交易并不涉及实际货币支付，实际上国际收支应称为"国际经济交易"。钱荣堃等（2002）在《国际金融》第二章"国际收支账户"指出，IMF 所给出的国际收支概念包括全部国际经济交易，是以交易为基础（on transaction basis）的。目前各国普遍采用的正是这一广义的国际收支概念。

2. 国际收支的内涵与外延

国际收支的内涵随经贸发展不断演进。姜波克（1999）《国际金融学》第一章"开放经济下的国民收入账户与国际收支账户"定义国际收支是一国居民与外国居民在一定时期内各项经济交易的货币价值总和。十多年后，姜波克（2012）《国际金融新编（第五版）》第二章"国际收支和国际收支平衡表"将国际收支定义为一国在一定时期内全部对外经济往来的系统的货币记录。陈雨露（2015）在《国际金融（第五版）精编版》第十章"国际收支"进一步指出必须注意以下问题：国际收支强调的是"居民与非居民的交易"，而不是单纯的"资金收付"，所以国际收支≠外汇收支，两者虽有很大的交叉，但并不完全一致。实际上，正如马君潞等（2005）在《国际金融》第一章"国际收支"指出：最初的国际收支只简单地定义为一个国家的对外贸易差额，因为贸易盈余可带来黄金流入。后来，外汇收支逐渐成为我们常说的狭义的国际收支，其所包含的经济交易都是以现金支付为基础（on cash payment basis）。第二次世界大战后，国际经济交易的内容和范围不断扩大，从而国际收支的概念真正以交易为基础，而不是以支付为基础。

3. 管理当局对于国际收支的概念表述

国家外汇管理局（2009）在其公布的《外汇管理概览》第四章"国际收支统计与监测"将国际收支界定为一个国家或经济体与世界其他国家或经济体之间的进出口贸易、投融资往来等各项国际经济金融交易及对外资产负债（或对外债权债务）情况。此外，戴相龙等（2014）在《领导干部金融知识读本（第三版）》第六章"外汇管理与国际收支"对国际收支的基本概念是结合国际货币基金组织《国际收支和国际投资头寸手册》（第六版）标准编制的国际收支数据，从国际收支统计，包括流量统计（国际收支平衡表）和存量统计（国际投资头寸表）所构成的完整的国际账户体系来进行说明的。

4. 国际收支失衡与再平衡

新常态下的国际收支基本平衡受到广泛关注。易纲（2014）在《通过汇率变化平衡国际收支》中指出长期离开均衡点是不可持续的，会积累风险，只有国际收支接近平衡才是中国人民福祉最大化的区域。王小奕（2014）在《国际收支将持续趋于平衡》中指出要实现国际收支长期平衡，关键在于国内经济结构调整能否到位，宏观结构性问题能否解决。管涛（2014）在《构建国际收支平衡市场化机制》中指出促进贸易平衡是中国国际收支保持长期、可持续平衡的基础，实现"稳出口"与"扩进口"相结合，应进一步发挥进口在贸易平衡和经济结构调整中的重要作用。谢建国、张炳男（2013）在《人口结构变化与经常项目收支调整：基于跨国面板数据的研究》中指出，现有的发达国家经常项目逆差与发展中国家经常项目顺差的全球不平衡格局，重要前提之一就是发达国家人口老龄化但发展中国家的人口持续增长。人口因素是影响国际收支的重要结构性因素，在人口老龄化压力下，发展中国家人口的年龄结构对国际收支平衡的影响将逐步显现。

四、基于马克思主义政治经济学的国内相关研究：进展与评述

1. 相关研究的发展

对于研究对象、研究任务和研究方法，陈彪如（1989）在《国际贸易与国际投资中的利益分配》一书序中指出改革开放以来，我国经济理论界曾为建立马克思主义世界经济理论付出了辛勤的劳动，但从已获得研究成果来看，无论是体系还是方法均没有超出马克思主义政治经济学的范畴，即其研究对象依旧局限于国际生产关系，其研究任务仍然是阐述帝国主义发生、发展及其灭亡的规律，其研究方法尚未突破列宁在《帝国主义论》中所确立的基本框架。一方面，1980 年后，我国在世界经济学界展开了关于比较利益论和国际价值论的学术性讨论，肯定了比较成本学说的合理内核，否定了参加国际分工和国际交换必受国际剥削的传统偏见。另一方面，值得注意的是，正如李翀（2009）在《马克思主义国际经济学的构建》中所指出：经济发展水平的差异是不公平的国际贸易格局的原因，而经济发展水平之所以存在如此巨大的差异，除了发展中国家内部的因素以外，在近代史上列强对发展中国家疯狂的奴役、掠夺和剥削也是重要的原因。

2. 思路框架的构建

对于基本思路与基础框架构建，李翀（2009）在《马克思主义国

际经济学的构建》中指出：建立国际经济学理论体系是马克思的遗愿，
虽然马克思未能完成《对外贸易》和《世界市场》分册的著述，但是
马克思在其他的著作里表达了他对有关范畴的思考。马克思通过对以
下范畴的分析，主要是为了揭示超越国境的国际资本主义生产关系：
在国际分工和国际贸易条件下，产生了国际价值，导致世界货币流动，
形成了各国货币的汇兑比率。国际信用体系在推动国际贸易发展的同
时，又触发了资本主义的经济危机。结合我国世界经济研究大致分为
国别经济或地区经济、当代资本主义以及国家之间的经济关系（如国
际贸易、国际投资、国际金融等）三种类型以及有关马克思主义国际
经济学构建问题的三种不同看法，李翀（2009）提出：在事物本质的
分析中坚持马克思经济学的基本原理和方法，在事物现象的分析中借
鉴西方经济学有价值的研究成果，但是本质和现象分析的逻辑是一致
的。对于基础框架构建，陈彪如（1989）在《国际贸易与国际投资中
的利益分配》序言中曾指出：把生产结构变动因素引入比较成本理论，
证明由工业化发展阶段所决定的劳动力价格、劳动力价值和劳动力追
加价值生产率三者之间的相对变化是生产结构和商品相对价值变化的
基础，而商品的相对价值与国际交换价值则决定对外贸易条件与贸易
比较利益的性质，从而把生产力发展、劳动力价格和价值变化、贸易
比较利益三者结合起来，构成以劳动价值论为基础的动态比较成本理
论的基础框架。

3. 核心概念的阐释

国内相关研究主要关注的核心概念是：国际分工、对外贸易与利
益分配。对此，王新奎（2014）在《国际贸易与国际投资中的利益分
配》中指出：一国的工业化发展水平决定了一国在国际分工中的地位，
资本技术构成的阶梯又成为国际分工阶梯的基础，在既定的工业化发
展水平下，生产结构类型和贸易结构类型也同样给定，在不同工业化
发展水平国家的不同生产结构类型和贸易结构类型形成国际分工的阶
梯。刘国光等（2009）在《中国经济体制改革的模式研究》中指出当
今国际分工的趋势是，经济发达国家正转向发展那些高精尖产业，以
提高劳动生产率和获得更高的经济效益，因而它们要把淘汰的产业不

断地转移到新兴工业国家，而新兴工业国家也在进行产业结构调整，发展对自己有利的新兴产业并把利益已经不大的劳动密集型产业转移到发展中国家。有必要把进出口战略、产业结构、外贸体制通盘考虑，使新的体制能够推动出口战略的转变和促进产业结构的调整，形成能够促进提高出口竞争力的调节机制。对于世界市场，李翀（2009）在《马克思主义国际经济学的构建》中指出马克思已经把生产要素相对价格所造成的商品相对生产成本差异看作是国际贸易的原因。正如马克思所指出："产业资本家不断把世界市场记在心中，比较并且必须不断比较他自己的成本价格和国内的市场价格及全世界的市场价格。"此外，王新奎（2014）在《国际贸易与国际投资中的利益分配》中强调发展中国家，特别是发展中的社会主义国家，不可能也不应该依靠"纯粹"的贸易比较利益来改善自身在国际分工中的利益分配。

4. 新动向、新情况的研判

对新常态下新问题的思考，王建（2008）在《货币霸权战争》中提出了"当代资本主义还是'过剩'型经济吗?"的疑问。一方面，马克思和列宁都曾指出，资本主义经济的本质是过剩经济，凯恩斯也承认资本主义经济的特点是"需求不足"。另一方面，贸易顺差作为衡量生产过剩的重要指标，从现实来看，当代资本主义经济迟早都会转入持续逆差格局，如此，传统意义资本主义过剩形态是否还存在?对此，王国刚（2013）在《国际贸易平衡理论为什么错了》中指出发达国家生产能力外移引致外贸逆差，利用对外投资机制将生产能力外移，在提升发展中国家的生产能力、扩展发达国家在发展中国家的市场份额的同时，也增强了以发展中国家地理版图为边界的出口能力，使得发达国家从贸易顺差国转变为贸易逆差国。类似地，王建（2015）在《长安论坛》中进一步指出：产业资本时代由于生产过剩，引起资本对海外市场的争夺；进入虚拟资本主义阶段后，生产过程的外移导致了国内供给不能满足需求，所以短缺就取代了过剩，贸易逆差就取代了顺差。总之，正如王伟光（2016）在《马克思主义政治经济学是坚持和发展马克思主义的必修课》中所指出的，需要全面研判世界经济和世界资本主义发展出现的新动向、新情况。世界经济的现状、发展趋势和出现的问题是与世界资本主义的发展变化相一致的。马克思主义政治经济学所揭示的资本主义的内在矛盾仍然起作用。

五、评论与小结

"十三五"规划纲要明确将国际收支基本平衡作为协调发展的重要目标之一。国际收支作为国家对外经济交往系统的货币记录之所以重要，因为其涉及国家的根本利益。在西方学界，国际收支是有关国际经济学的宏观方面（也称作"国际金融"）较成熟的内容，也是IMF 等国际机构所关注的重要内容。在《政治经济学批判》中，国际收支虽然并没有直接出现，但是，马克思在《资本论》中已有所分析。与西方对国际贸易与收支分析忽略商品的具体生产过程相比，马克思主义政治经济学更加强调生产和生产的国际关系。与西方对国际收支"交易汇总表"分析的工具论相比，马克思主义政治经济学更加强调国际收支的性质和变化原因的过程论。与西方（特别是 IMF）国际收支调节货币论和结构论的总需求分析相比，马克思主义政治经济学国际收支分析更强调的是供给侧结构性分析。具体而言：

第一，与西方对国际贸易与收支分析忽略商品的具体生产过程相比，马克思主义政治经济学更加强调生产和生产的国际关系。西方对国际贸易与收支分析，首先集中于交易的简化而忽略商品的具体生产过程，并通过简单的交易模型确定贸易所得后，进而关注利益分配及国家福利和世界福利的冲突与统一。但是，从现实来看，即使在美元本位，金融资本和虚拟资本横行天下的今天，经济现实依然是马克思在《〈政治经济学批判〉导言》中所指出的"摆在面前的对象，首先是物质生产"。正如习近平总书记所指出的，物质生产是社会生活的基础，生产力是推动社会进步最活跃、最革命的要素。社会主义的根本任务是解放和发展社会生产力。因此，国际收支分析不能脱离生产和生产的国际关系。

第二，与西方对国际收支"交易汇总表"分析的工具论相比，马克思主义政治经济学更加强调国际收支的性质和变化原因的过程论。

西方对国际收支账户与国民收入账户，关注于开放型经济与国内经济联系的恒等关系，即"国民储蓄－投资＝经常账户余额"，而其中的因果关联分析不尽如人意。对于生产与分配、交换、消费的一般关系，马克思认为"生产制造出适合需要的对象；分配依照社会规律把它们分配；交换依照个人需要把已经分配的东西再分配；最后，在消费中，产品脱离这种社会运动，直接变成个人需要的对象和仆役，供个人享受而满足个人需要"。进而形成一个三段论法："生产是一般，分配和交换是特殊，消费是个别，全体由此结合在一起。"基于此，尽管国际收支并没有出现在"生产的国际关系。国际分工。国际交换。输出和输入。汇率"之中，但也可遵循上述逻辑进行类似拓展分析，并可尝试借鉴马克思《资本论》中有关资本循环的分析，使国际收支分析成为开放型经济下马克思主义政治经济学的具体应用。

第三，与西方（特别是IMF）国际收支调节货币论和结构论的总需求分析相比，马克思主义政治经济学国际收支分析更强调的是供给侧结构性分析。基于生产，马克思将生产分为第一部类和第二部类，并且深刻论述了由于扩大再生产而产生的第一部类和第二部类的比例不协调，认为这是资本主义的根本矛盾之一。实际上，第一部类和第二部类就是投资和消费，马克思指出的矛盾也正是现代经济中存在的总需求和总供给差额恶性循环扩大的矛盾。正如习近平总书记所指出："供给和需求是市场经济内在关系的两个基本方面，是既对立又统一的辩证关系。社会主义生产目的是什么？从政治经济学角度看，是使供给能力更好满足广大人民日益增长、不断升级和个性化的物质文化和生态环境需要。供给侧管理，重在解决结构性问题，注重激发经济增长动力，主要通过优化要素配置和调整生产结构来提高供给体系质量和效率，进而推动经济增长。"基于此，马克思主义政治经济学国际收支分析可纳入供给侧结构性改革大分析框架中并作为供给侧结构性分析的具体运用。如何在"新常态"和"供给侧结构性改革"过程中结合人民币国际化和"一带一路"新背景，构建马克思主义政治经济学国际收支分析框架，将成为未来研究的可能方向。

第二节 实际汇率动态与供给侧结构性改革：改革维度下审视

一、研究背景

1. 政策背景

第一，使市场在资源配置中起决定性作用和更好发挥政府作用。中共十八届三中全会提出了使市场在资源配置中起决定性作用和更好发挥政府作用，这是党的十八届三中全会决定提出的一个非常重大的理论观点。处理好政府和市场的关系，是经济体制改革的核心问题[①]：一方面，市场决定资源配置是市场经济的一般规律，市场经济本质上就是市场决定资源配置的经济。在经济全球化新形势下，如何以开放促改革，提出了加快构建开放型经济新体制的要求。另一方面，科学的宏观调控，是发挥社会主义市场经济体制优势的内在要求。具体到汇率问题上，辩证来看：汇率既要突出市场化，但又不能单纯地强调市场化，同时还应做好管理。

第二，新常态下，中国经济发展表现出速度变化、结构优化、动力转换三大特点。经济发展进入新常态，是我国经济发展阶段性特征的必然反映，是不以人的意志为转移的必然趋势。[②] 在新常态下，我国经济发展的主要特点是[③]：增长速度要从高速转向中高速，发展方式要从规模速度型转向质量效率型，经济结构调整要从增量扩能为主转向调整存量、做优增量并举，发展动力要从主要依靠资源和低成本劳动力等要素投入转向创新驱动。突出新常态，其中与"结构"相关的

---

① 中共中央宣传部：《习近平总书记系列重要讲话读本》，学习出版社、人民出版社2016年版，第147~151页。

② 中共中央宣传部：《习近平总书记系列重要讲话读本》，学习出版社、人民出版社2016年版，第140页。

③ 中共中央宣传部：《习近平总书记系列重要讲话读本》，学习出版社、人民出版社2016年版，第142~143页。

是，对经济结构调整提出了要主动转向调整存量，做优增量并举，同时提出了创新驱动，也就是当下比较热议的 TFP（全要素生产率）。

第三，以新发展理念引领发展，其中开放注重的是解决发展内外联动问题。党的十八届五中全会提出了"十三五"时期全面建成小康社会新的目标要求，并强调实现"十三五"时期发展目标，破解发展难题，厚植发展优势，必须牢固树立并切实贯彻创新、协调、绿色、开放、共享的发展理念。这是关系我国发展全局的一场深刻变革。① 中国正在进入外汇形势从持续净流入到趋向基本平衡、管理方式从经常项目可兑换到资本项目可兑换的新常态。②

第四，立足国内和全球视野相统筹，强调在全球范围内配置资源的能力。既以新理念新思路新举措主动适应和积极引领发展新常态，又从全球经济联系中进行谋划，重视提高在全球范围配置资源的能力（习近平，2015③）。在此基础上，逐渐引出汇率这个问题，强调国内和全球，也就是强调国内国外相统筹的视角，并且强调在全球范围内配置资源的能力。对此，汇率发挥着非常重要的作用。

第五，通过要素配置和调整生产结构提高供给体系质量和效率，推动经济增长。供给侧管理和需求侧管理是调控宏观经济两个基本手段④：需求侧管理，重在解决总量性问题，注重短期调控；供给侧管理，重在解决结构性问题，注重激发经济增长动力，主要通过优化要素配置和调整生产结构来提高供给体系质量和效率，进而推动经济增长。⑤ 供给侧结构性改革的重点，是用改革的办法推进结构调整，减少无效和低端供给，扩大有效和中高端供给，增强供给结构对需求变化的适应性和灵活性，提高全要素生产率。一般地，货币政策是总量政策，但也有很强的结构性含义，而汇率就是典型的结构性货币政策的

---

① 参见《十八届五中全会在京举行》，《人民日报》2015 年 10 月 30 日第 1 版和第 2 版。

② 易纲：《外汇管理改革的方向》，《中国金融》2015 年第 19 期。

③ 习近平：《关于〈中共中央关于制定国民经济和社会发展第十三个五年规划的建议〉的说明》，载《〈中共中央关于制定国民经济和社会发展第十三个五年规划的建议〉辅导读本》，人民出版社 2015 年版。

④ 中共中央宣传部：《习近平总书记系列重要讲话读本》，学习出版社、人民出版社 2016 年版，第 156 页。

⑤ 中共中央宣传部：《习近平总书记系列重要讲话读本》，学习出版社、人民出版社 2016 年版，第 155 页。

重要载体。

第六，利率和汇率作为要素市场重要价格，是有效配置国内国际资金的决定性因素。稳步推进汇率和利率市场化改革，有利于不断优化资金配置效率，进一步增强市场配置资源的决定性作用，加快经济发展方式转变和结构调整（周小川，2013①）。从汇率的定义来看，是不同国家货币之间兑换的一个比率。结合货币当局的相关表述，例如，周小川等曾指出汇率是要素市场的重要价格，强调它能够"优化资金配置效率"。一般而言，本币汇率升值将使资源更多地从贸易品部门流向非贸易品部门，促进服务业等第三产业的发展和经济结构调整。相对于要素价格调整将影响价格体系内部各类比价关系，从而在微观基础上发挥价格对资源配置的基础性作用，汇价调整能在微观基础以及宏观条件方面发挥双重作用。

2. 实践背景

第一，市场的基础性作用逐步向市场的决定性作用过渡，对汇率形成机制也一样。目前，人民币汇率实行以市场供求为基础，参考一篮子货币进行调节、有管理的浮动汇率制度，人民币对主要货币的浮动区间不断扩大，有利于人民币汇率逐渐趋向均衡合理水平（易纲，2013②）。对此，在人民币加入 SDR 的吹风会上，易纲（2015）③ 进一步指出，我们最终的目标是要稳步地实现人民币汇率的清洁浮动。从以市场供求为基础、参考一篮子货币、有管理浮动汇率，向目标清洁浮动过渡有个过程，该过程应该是渐进和稳健的，也就是说我们完全有能力来保持人民币汇率在合理均衡水平上的基本稳定。同时，我们也会增强市场机制的作用，汇率双向的弹性都会增加，但这个过程一定要保持在合理均衡水平上的基本稳定。

第二，保持人民币汇率在合理均衡水平上的基本稳定。如何理解保持汇率在合理均衡水平上的基本稳定？周小川（2012）④ 在《金融

---

①② 参见《〈中共中央关于全面深化改革若干重大问题的决定〉辅导读本》，人民出版社 2013 年版。

③《中国人民银行举行人民币加入特别提款权（SDR）有关情况吹风会》，中国人民银行官方网站（www.pbc.gov.cn），2015 年 12 月 1 日。

④ 周小川：《人民币资本项目可兑换的前途和路径》，《金融研究》2012 年第 1 期。

研究》中的一篇论文当中给出了界定：人民币如果达到某个合理均衡水平，就会保持基本稳定；人民币汇率已处于合理均衡水平，当前应保持人民币汇率基本稳定。

第三，人民币兑美元汇率中间价形成机制不断完善。2015 年以来，以市场供求为基础、参考一篮子货币进行调节的人民币兑美元汇率中间价形成机制进一步得到强化：2015 年 8 月 11 日，汇改强调了人民币兑美元汇率中间报价要参考上日收盘汇率，以反映市场供求变化。2015 年 12 月 11 日，中国外汇交易中心（CFETS）发布人民币汇率指数，强调要加大参考一篮子货币的力度，以更好地保持人民币对一篮子货币汇率基本稳定。目前已初步形成了"收盘汇率＋一篮子货币汇率变化"的人民币兑美元汇率中间价形成机制。

3. 学理背景

第一，旧的结构主义和新古典经济学不能很好地解释中国实际。旧的结构主义，关注市场失灵，倡导国家主导的发展政策，但未能合理地考虑比较优势，也没能创造有竞争力的产业。此外，结构主义虽然意识到结构，但其结构却只是用"工业化"与"发展中"的二元刚性分类方法（中心与外围）来描述发展中国家与发达国家之间生产结构差异。在旧的结构主义视角下，就汇率研究来看，它更多强调的是，在过去的中心国家和外围国家的框架下，或者说发展中国家和工业化国家经济追赶的框架下，强调刚性汇率。受到新自由主义思想的启发，华盛顿共识关注的是政府失灵，但未能在发展中国家实现可持续的、包容性的增长（林毅夫，2012[①]）。作为华盛顿共识提出的代表人物，约翰·威廉姆森对汇率政策发展战略予以理论概括，从实际汇率与储蓄、投资的关系视角，构建储蓄、投资与实际汇率为横纵坐标系，用以说明如何确定与增长目标相适应的实际汇率水平（Williamson，2003[②]）。对汇率及其均衡问题，在华盛顿共识当中，有这样的结论：发展中国家的实际汇率要保持在均衡水平，高估及低估均有损于经济

---

① 林毅夫：《新结构经济学：反思经济发展与政策的理论框架》，北京大学出版社 2012 年版，第 23 页。

② Williamson J. (2003)，"Exchange Rate Policy and Development"，Paper presented to a conference of Institute for Policy Dialogue.

增长（Williamson，1990[①]）。与之相反，另一种观点，即罗德里克新论主张适当的汇率低估对经济增长有显著促进作用（Rodrik，2008[②]）。这显然是两种截然不同的观点。

第二，中国实际是"双盈余"（投资 I < 储蓄 S，进口 M < 出口 X）。按照旧结构主义框架，主要代表是双缺口模型，其强调的是有外汇缺口以及储蓄和投资之间的缺口。但是中国的现实情况正好与之相反，中国实际上是双盈余，中国的储蓄显著大于投资。同时，中国经过改革开放三十多年已经积累了很多的贸易顺差。参见图 3-1 和图 3-2，在 2008 年这个时点上，柱状图代表顺差占 GDP 的比重达到历史的峰值。与此同时，中国的对外贸易依存度也达到了它的历史峰值。其中，顺差是出口减去进口再除以 GDP，贸易依存度是出口加进

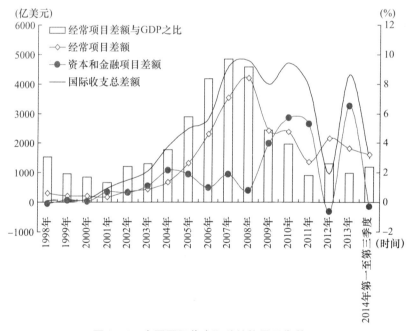

图 3-1　中国国际收支顺差结构及平衡状况

资料来源：国家外汇管理局、国家统计局。

---

① Williamson J. (1990), "What Washington Means by Policy Reform", J. Williamson, ed., Latin American Adjustment: How Much Has Happened? PIIE. pp. 7 – 20.

② Rodrik D. (2008), "The Real Exchange Rate and Economic Growth", Brookings Papers on Economic Activity, 2: 365 – 412.

口再除以 GDP。从国际收支的视角来看，中国不仅创造了大量的出口进口之差，导致了贸易失衡，同时也创造了大量出口进口之和，这被 Subramanian（2011）[①] 指出是有关中国的一个最大的悖论，中国既是最具重商主义倾向的经济体，同时也是最为开放的经济体之一。

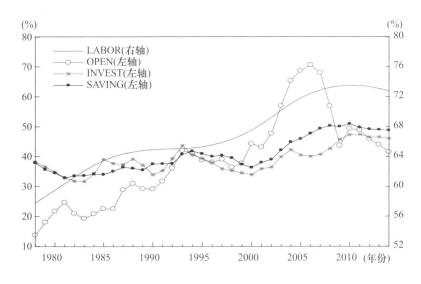

图 3 - 2　人口红利与投资率等年度走势

资料来源：笔者根据 CEIC 相关数据计算而得。

第三，购买力平价、利率平价对于人民币汇率不能简单适用。中国现实中的实际汇率与名义汇率大致同向。根据购买力平价，由于名义汇率只应因国内外相对价格的变化而变化，因此，当名义汇率变动时，实际汇率不应发生变化（Dornbusch，Fischer 和 Startz，2014[②]）。由此表明，购买力平价不能够简单直接用于汇率估值当中，即不能简单地用购买力平价直接去说明人民币汇率是否失调。此外，由于中国存在着资本项目的部分管制，还没有完全地资本项目可兑换，因此计算人民币汇率的风险溢价是不等于零的，即非零的。同时，汇率和物价这个关系存在着明显的对内贬值和对外升值并存现象，也就是一张货币两张

① Arvind Subramanian（2011），"Eclipse：Living in the Shadow of China's Economic Dominance"，PIIE.

② Dornbusch R.，Fischer S. and Startz R.（2014），"Macroeconomics（12e）"，McGraw - Hill Education.

皮，并且近期呈现出了对内升值，对外贬值，仍然是背离。这说明：对于基础平价关系，利率平价（短期的）也好，购买力平价（长期的）也好，实际上都不能，也都不好直接做出有关汇率合理评估。

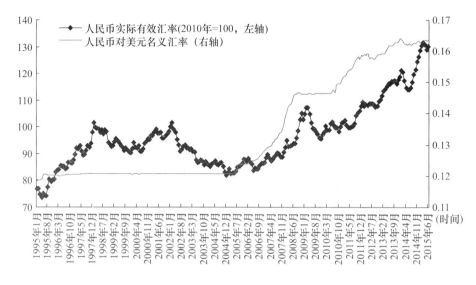

图3-3　人民币汇率月度走势（间接标价）

资料来源：CEIC。

4. 现实背景

对于人民币汇率动态演进，从1978年到2014年的数据来看，人民币汇率大致经历两个阶段：第一个阶段是先贬值，无论是人民币兑美元的双边名义汇率，还是人民币实际有效汇率都是这样。对于人民币兑美元汇率，从1994年一直到2005年经历了盯住美元的固定阶段，2005年以后人民币汇率开始升值，对于实际汇率也是大致相类似。参见图3-5，可以看出来，人民币实际汇率和名义汇率，两者的走势是近似的，是平行的；而从波动的幅度上来看，参见图3-4，近期波动率确实开始增大。研究改革开放经济起飞以来人民币汇率演变难点，不在于对其某个侧面和某个阶段特点提出互不关联的解答，而在于对其主要侧面和各个阶段表现进行首尾连贯的分析，对其历史表现、现实状态和未来趋势提出逻辑一致的解说（卢锋，2006①）。

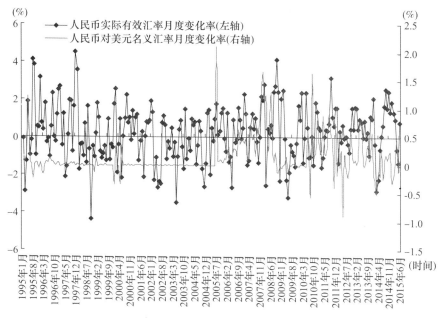

图 3-4　人民币汇率月度变化率（间接标价）

资料来源：CEIC。

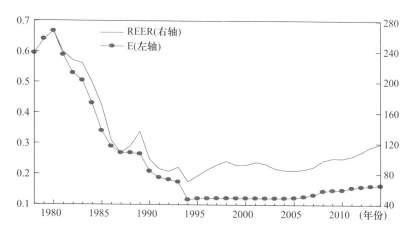

图 3-5　人民币汇率年度走势（间接标价）

资料来源：CEIC。

---

① 卢锋：《人民币实际汇率之谜（1979－2005）——中国经济追赶实践提出的挑战性问题》，《经济学》（季刊）2006 年第 5 卷第 3 期。

二、供给侧结构性改革下产能、市场与货币红利的统筹考虑

习近平总书记系列重要讲话指出，供给和需求是市场经济内在关系的两个基本方面，是既对立又统一的辩证关系。社会主义生产目的是什么？从政治经济学角度看，是使供给能力更好满足广大人民日益增长、不断升级和个性化的物质文化和生态环境需要。供给侧管理，重在解决结构性问题，注重激发经济增长动力，主要通过优化要素配置和调整生产结构来提高供给体系质量和效率，进而推动经济增长。遵循马克思"生产的国际关系。国际分工。国际交换。输出和输入。汇率"的理论逻辑，借鉴《资本论》产业资本循环的三个阶段和三种形态分析，可将人民币国际化战略纳入供给侧结构性改革下产能、市场与货币红利的大分析框架（见图 3 - 6），作为基于供给侧结构性改革视角下开放型经济分析的具体应用。

从供给侧结构性改革视角看，以生产函数刻画经济增长作为生产的国际关系重要组成，与之相应的首要条件是市场，其在资源配置中起决定性作用。一方面，作为流通的时空场所，市场本身就是最为稀缺的资源；另一方面，价值规律是在市场经济中得以体现的。作为市场交易的"镜像"，货币也是生产的"第一推动力"。货币的本质是通过货币职能（价值尺度、流通手段、财富贮藏等）来体现，由此，人民币在国际范围内行使货币功能，逐步成为主要的贸易计价结算货币、金融交易货币以及国际储备货币，就是人民币国际化的完整定义。后SDR 时代，人民币国际化路线图在"按功能推进方式"下日渐清晰。与此同时，伴随着生产能力的不断提升，在储蓄向投资转化的市场运行过程中，劳动年龄人口占比的人口红利不断释放，人民币汇率逐步趋向均衡，这与经济增长和发展方式转变相伴而行，同时也是经济发展趋向新常态的必然。

三、分析的基本思路

在经济的发展过程当中，既有短期问题，也有长期问题。在短期主要是经济周期问题，在长期是经济增长问题。具体到中国实际，分析

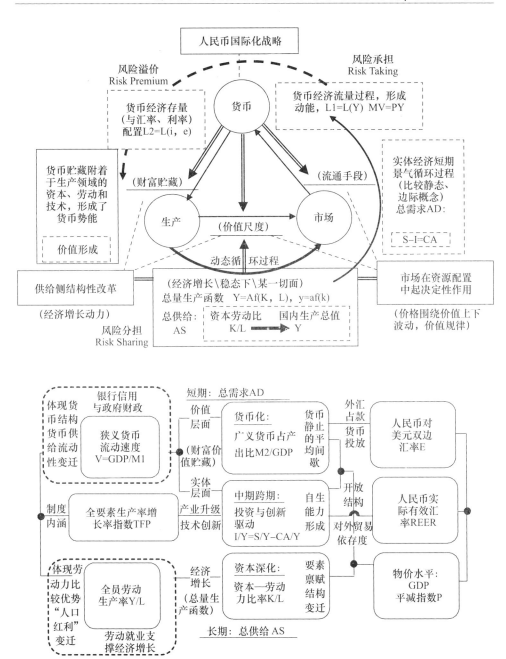

图 3-6　概念模型与分析的基本框架

的特点主要是引入了全要素生产率（全国总体的全要素生产率）和人民币实际有效汇率这两个变量，研究它们之间从 1978 年到 2014 年的相互关联。基本的想法如下（参见图 3-6）：

第一，以"新古典增长模型"作为"长期"动态分析的切入点，利用总量生产函数从要素禀赋结构（资本—产出比 K/L）和平均劳动生产率（产出—劳动比 Y/L）进行"二维展开"。

第二，进一步引出实现资本形成的"投资"和"储蓄"的"总需求面"以及体现劳动力比较优势的"人口红利"的"总供给面"，将禀赋结构供求转化为总供给和总需求变化的"中期"比较静态分析。

第三，通过"货币金融经济面"对特定禀赋结构下"实体经济面"相贯穿进行"短期"静态分析。

第四，通过构建三重均衡分析——基于总量生产函数（总供给）、总需求实体面、总需求货币面的三重均衡，结合实际汇率与全要素生产率指数之间的关系进行理论逻辑的梳理。

1. 从新古典增长模型出发

以新古典经济学作为长期的动态分析的一个基本切入点，基于国家的总量生产函数，其中有一个非常重要的要素禀赋 K/L，即国家的资本存量和劳动之比。这个资本跟劳动禀赋的变化可以算出来，它反映的是中国改革开放进程中要素禀赋结构变迁过程。K/L 和全员劳动生产率（即产出除以劳动）两者之间实际上就是总量生产函数，由此可测算全要素生产率 TFP。

2. 进而考虑市场经济及其周期

进一步引出为实现资本形成，储蓄必须向投资转化。在这一过程中，当然离不开金融的作用。中国的特点是高储蓄，高投资，同时金融的这个储蓄转换投资的作用并不是很畅通。在这个过程中，可以把禀赋结构的供求分析转化为总供给和总需求这个中期变化。在开放经济条件下，恒等关系式为储蓄减投资等于净出口。从而投资就等于储蓄减去净出口，都对其进行占 GDP 比重的处理，实际上就是在整个的总产出当中，投资占比、储蓄占比和进出口占比，它们之间的比例关系，也是个结构问题。

3. 再考虑货币化进程

观察到的现象是中国 M2 比 GDP 的值一路攀升直到接近 2。为什么说货币能够跟汇率相联系？传统处理方法是通过购买力平价。考察中国实际情况，人民币是在结汇过程中同时发出去的（当然还有央行的冲销干预），因此可称之为外汇占款的货币投放模式。在这里面，通过货币金融层面，与特定禀赋结构下的实体经济面相贯穿，可进一步连接短期的静态分析。

4. 最后结合汇率的定义式

什么是实际汇率？是以名义汇率剔除国内外的物价水平。人民币参考一篮子货币的汇率指数，如果我们算实际有效汇率的话，直接标价法下应是用名义汇率乘以国外的物价比上国内的物价。因此，从实际汇率来看人民币兑美元的双边名义汇率和物价水平是实际汇率定义表达的重要决定因素。上述储蓄、投资以及货币，还有这个生产函数，彼此之间的关联，实际上会影响物价；而货币的投放过程，货币化的过程，可能会跟汇率、名义的价值有关联。最后合成对应到实际汇率，而实际汇率又会在经济的周期性波动当中，纳入到进出口，会影响进出口，实际上也会影响投资。

5. TFP 是制度性变量和反映创新的技术变量

TFP 作为一个残差，类似一个黑箱，可以把所有资本劳动之外的其他因素纳入 TFP 当中，从而 TFP 既是一个制度性变量，也是一个更重要的反映创新的技术变量。而投资的重要性，不单纯是形成生产能力，更重要的是它承载着自主创新，即有技术创新在里面。此外，TFP 既然是生产率，它实际上是劳动生产率分解的一部分。因此，又和全员的平均劳动生产率有关联。将实际汇率和 TFP 进行关联，进一步梳理它们的理论逻辑，通过构建做一个类似于希克斯的 IS - LM 的分析框架，大致上就能够说明短期状态、长期状态，以及如何从短期到长期。

专栏 1

从数理分析看，如果将汇率（X）随时间（t）的变化率、汇率变化路径及其与货币状态（或货币能值）之间关系的数理特征表示为图 a 和图 b，当经济系统货币状态 ｛Y（X）｝对于每一个汇率函数，Y（X）都有一个确定的实数或复数与之对应时，则对于 Y（X）两个固定端点之间的弧长是 Y（X）的泛函 $J（Y（X））= \int_{X_1}^{X_2}\sqrt{1+\dot{Y}^2}dX = \int_{X_1}^{X_2}F(\dot{Y})dX$。因此，研究的重点就是要找到这样一个通式 $J[Y（X）] = \int_{X_1}^{X_2}F(X,Y,\dot{Y})dX$ [其中 X 表示泛函中决定函数的基础变量（汇率），Y(X) 表示泛函中的函数（如货币能值），$\dot{Y}(X)$ 是泛函变动方向（导数）]。参见图 b，设定性能指标 J，$J = \int_{t_0}^{t_f}F[t,X(t),\dot{X}(t)]dt$，其中，X(t) 是 t 的二次可微函数，$F[t,X,\dot{X}]$ 是变分 $t,X,\dot{X}$ 的连续函数，对 $t,X,\dot{X}$ 的二阶偏导数存在且连续。

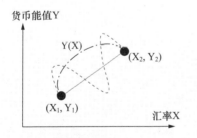

图 a 开放经济货币能值泛函表示

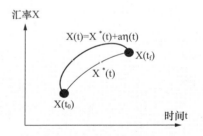

图 b 汇率路径轨线及其附近轨线

● 假设：初始和结束状态分别由短期分析模块和长期分析模块求解设定，即 $t_0 \rightarrow X（t_0）$；$t_f \rightarrow X（t_f）$。

● 问题：要确定一条升值路径，二次可微函数 X（t），使泛函 J 沿轨线 X（t）的微分取极小值。

假定汇率动态的极值轨线 $X^*(t)$ 存在（如图 b 所示），在其附近的非极值路线 $X(t)$ 表示为 $X(t) = X^*(t) + a\eta(t)$，其中 a 是一个小的参变量，可正可负，$\eta(t)$ 是任意选定的有连续导数的函数，且满足 $\eta(t_0) = \eta(t_f) = 0$。可以证明，泛函 $J = \int_{t_0}^{t_f} F[t, X(t), \dot{X}(t)]\, dt$ 在 $X^*(t)$ 上取极值等价于 $J(a)$ 在 a = 0 时取极值。在此，a 的引入相当于一个政策变量，理性决策者在处理动态问题时，选择一条路径使干扰冲击最小。根据系统的状态方程 $\dot{X}(t) = f[X(t), u(t), t]$，寻找在区间 $[t_0, t_f]$ 中连续控制 $u(t)$，使状态由 $X(t_0)$ 转移到 $X(t_f)$，使 J（性能指标）极小化，从而选取最优控制 $u^*(t)$ 和与之相应的状态轨迹线，称最优路径 $X^*(t)$。相对价格由国家的发展程度、要素禀赋及结构所决定。作为最大的发展中国家，对中国而言，是劳动力资源相对多，自然资源相对少，这种相对丰富程度决定了要素的相对价格，特别是人民币实际有效汇率的走势（这也表明人民币实际有效汇率具有内生性）。由改革开放至今人民币实际有效汇率和全要素生产率指数的散点图，不难发现，两者存在非单调的相互关联。实践中，其实很难确定全要素生产率和实际汇率之间的关系，所以往往用劳动生产率进行替代。对此，构建三重均衡分析——基于生产函数的总供给、总需求的货币面、总需求的实体面的三重均衡，进行实际汇率与全要素生产率指数之间的关系的统筹分析，应用新古典的分析方法，以中国为例，可进一步研究开放经济结构变迁。

四、分析的基本框架：具体展开与政策空间

1. 经济增长与人民币实际汇率关联

　　以"新古典增长模型"作为"长期"动态分析的切入点，基于柯布—道格拉斯（C－D）生产函数将总产出扣除劳动和资本的贡献后得到剩下的未被解释部分（索洛残差）即为全要素生产率。在计算得到的要素生产率增长率 g（按 1990 年不变价）的基础上进一步构建 TFP

指数。设定 2010 年的 TFP 为 100，并根据环比增速计算 TFP 定基指数，用以说明累计的 TFP 给中国经济造成的影响及其长期趋势。为了反映劳动和资本对经济增长影响的时变性，采用状态空间模型方法。所构建的时变参数模型和相关计量结果如专栏 2 所示：

专栏 2

测量方程：$\log(GDP) = c(1) + sv1 \times t + sv2 \times \log(K) + (1 - sv2) \times \log(L) + [var = \exp(2)]$

状态方程：$\begin{cases} sv1 = sv1(-1) \\ sv2 = sv2(-1) \end{cases}$

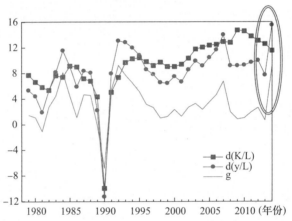

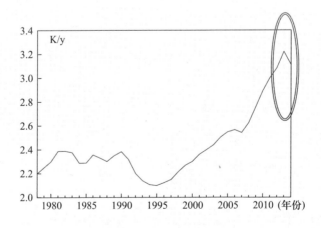

人民币国际化、金融开放与汇率动态

指数。设定 2010 年的 TFP 为 100，并根据环比增速计算 TFP 定基指数，用以说明累计的 TFP 给中国经济造成的影响及其长期趋势。为了反映劳动和资本对经济增长影响的时变性，采用状态空间模型方法。所构建的时变参数模型和相关计量结果如专栏 2 所示：

专栏 2

测量方程：$\log(GDP) = c(1) + sv1 \times t + sv2 \times \log(K) + (1 - sv2) \times \log(L) + [var = \exp(2)]$

状态方程：$\begin{cases} sv1 = sv1(-1) \\ sv2 = sv2(-1) \end{cases}$

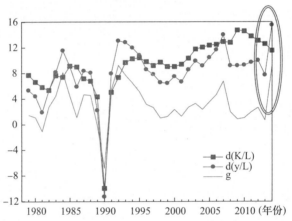

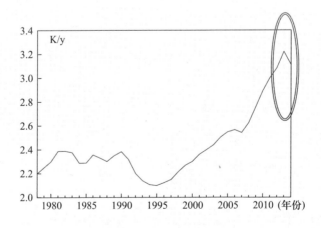

其中，GDP 代表实际产出、t 为时间变量、K 为实际资本存量、L 为劳动力数量，sv1 和 sv2 分别代表资本和劳动力对经济增长的时变影响系数。代入产出、资本和劳动投入的历年数据，利用 Eviews6.0 软件即可估计得到各状态变量历年的时间序列，由此可计算得到全要素生产率增长率 g（按 1990 年不变价）。样本期间为 1978 年至 2014 年，资料来源是国家统计局和历年《中国统计年鉴》以及国际货币基金组织 IFS 数据库。

长期经济增长是一国公民经济福利的唯一最重要的决定因素。根据索洛模型，在长期均衡状态（即稳态），技术进步引起许多变量在稳定状态的值一起上升，这一性质被称为平衡的增长。考虑人均产出（Y/L）和人均资本存量（K/L），根据索洛模型，在稳态，这两个量都以技术进步的速率 g 增长，换言之，资本—产出比率随时间的推移一直保持不变（Mankiw，2015）。从现实数据来看，在经济旧常态下中国经济尚未处于稳态，2014 年有走向稳态的端倪呈现。

经济的长期均衡状态（即稳态）之所以非常重要，因为一个处于稳态的经济会停留在那里；而处于非稳态的经济将走向稳态，即稳态代表经济的长期均衡（Mankiw，2015）。对于实体经济稳态的确定（刘斌，2014），首先是分析由什么因素决定。根据本模型设定，这些因素主要是实体经济因素（如生产率变化）。其次是实体经济稳态是否受价格水平变化的影响。从模型设定和现实数据来看，如果实体经济关于货币在长期是中性的，模型在长期即满足新古典，从而 K/L⇔Y/L⇔TFP 又 K/L→P→REER，因此，在长期增长视角下 TFP 与 REER 的关联取决于禀赋结构。

2. 经济周期与人民币实际汇率关联

对于经济周期与人民币实际汇率关联的分析思路，除了之前 Williamson（2003）的分析，在此主要是借鉴 Bhalla（2012），投资率（投资占 GDP 比例）是劳动力成本与生产率比率的反比例函数，其中劳动力成本用当前美元衡量，替代成本和生产率（以当前购买力平价美元衡量）：投资 = - k（以美元计算的人均 GDP）/（以购买力平价美元计算的人均 GDP）。比例常数 - k 表示更高的劳动力成本导致较低的利润和投资，更高的劳动生产率导致更多的利润和投资。将上述表达式转换成国内货币表示，并抵消掉以本国货币计算的人均GDP，可简化整理为：投资＝−k×实际汇率，这是投资基本方程，即使巴拉萨—萨缪尔森效应假说不成立，该投资基本方程也成立。

3. 货币经济与人民币实际汇率关联

在中国经济转型制度变革背景下，货币化作为制度变革的函数，狭义货币流通速度 V 现实中伴随 M2/GDP 不断上升而下降。考察中国的货币流通速度 V 与全要素生产率指数 TFP 以及名义汇率与 M2/GDP 之间的关系，均呈现负向相关关系。在满足货币供求均衡条件下，

$$P_2 L(y, r) = M_2^d = \beta M_1^d = \beta M_1^s = \frac{\beta P_1 y}{V_1}，整理可得：P_2 V_1 = \frac{\beta P_1 y}{L(y, r)} =$$

$$\frac{\beta GDP}{L(y, r)} = \frac{\beta GDP}{\frac{M2}{P_2}} 由此进一步可得 \frac{M2}{GDP} V_1 = \beta（货币结构）。为什么说货$$

币能够跟汇率相联系？在此并不依赖于购买力平价，而是考察中国实际，过去我国执行的是强制结售汇，但现在是走向意愿结售汇。在结汇的过程当中，人民币同时也就发了出去（这个过程是乘以这个汇率来实现的），当然还有央行的冲销。因此，我国货币发行是跟汇率有关联的，称之为外汇占款的货币投放模式。从而无论是降准，还是最近或者之前的流动性的问题，都跟汇率有关联，都跟这个外汇占款有关联。在这里面，通过货币金融层面，与特定禀赋结构下的实体经济面相贯穿，可进一步连接短期的静态分析。

4. 主要政策内涵

以 REER 和 TFP 这两个变量为坐标轴，构造一个二维坐标平面，然后把短期分析、长期分析和从短期到长期的比较静态分析，全部放在其中，进行一一处理。人民币均衡汇率是与动态变化的经济结构相适应的汇率。汇率作为要素市场的重要价格，要素禀赋结构决定了在长期的汇率动态变化路径。中国资本在储蓄向投资转化过程中伴随生产能力形成而不断积累，劳动在劳动年龄人口占比提升中不断丰裕，并且在对外开放国内外市场对接过程中比较优势得以释放。人民币实

际汇率动态是实体经济生产能力的形成扩张和货币化进程相伴而行下的动态演进，并且与包含制度因素与技术创新的全要素生产率增长累积形成对应。汇率贬值阶段对应于生产能力缓慢形成，货币化逐步提升。汇率升值阶段对应于资本快速扩张，货币化进程不断加速，人民币汇率升值可否持续在于投资能否扩张并承载创新，实体经济生产能力能否高效形成并伴随高货币化可持续。人民币汇率逐步向均衡汇率趋进，既促进中国经济增长和发展方式转变，也是经济新常态长期均衡稳态之必然。

5. 分析的基本结论

按照禀赋结构来看，均衡汇率不再是内外均衡条件下的一个汇率，而是与经济结构动态变化相适应的汇率，是有时间概念的。汇率是要素市场价格，不单纯因为外汇是一种重要因素，更重要的是，它也会间接或直接地与 K 和 L 相关联。那么在中国储蓄向投资转化过程中，伴随着生产能力提升的不断积累，劳动在劳动人口年龄占比中的这个人口红利不断释放过程，是在国内外对接的过程（即加入 WTO）中来实现的。为什么要强调同时立足国内和国外，因为开放非常重要，这也是为什么"十三五"要强调开放。人民币汇率的动态，实际上是中国实体经济生产能力扩张和货币化进程相伴而行的一个动态演进。贬值可能对应的是生产能力的缓慢形成和货币化的逐步提升，升值对应的是资本快速扩张，货币化进程的不断加速。将来人民币汇率是不是还会继续升值？可能取决于投资是否能继续承载创新，实体经济的生产能力是否能够高效形成，以及如此高的货币化是否可持续。总之，人民币汇率逐步趋向均衡，是中国经济增长和发展方式转变相伴而行的，同时也是中国经济新常态均衡趋向稳态的必然。在这个过程当中，它可能并不像巴拉萨—萨缪尔森效应，或者说有一个先行，或者说中心国和发展中国家的一个追赶过程。它更强调中国作为开放经济大国，很朴素地把汇率理解为是这个经济体，在涉外过程中的一个信号、一个反映。大国经济开放运行，应该是跟自身经济运行相适应。也就是说汇率是一个国家经济主权，它应该维护自身的国家利益。

第三节　名义汇率动态与货币调控：
开放维度下审视

一、模型构建与稳定性分析

与其他宏观经济变量一样，汇率也遵循宏观经济研究从长中短期不同频度考察变量行为的传统。汇率时间序列除了有长期趋势和短期波动之分，还有名义与实际之别，本部分主要考察中短期内人民币名义汇率。由于宏观经济短期波动研究核心在于总供给与总需求分析，而货币供求又与宏观经济总供求存在紧密联系，即货币供求均衡有助于市场总供求均衡的实现。[①] 因此，本部分把货币供求均衡条件下所形成与宏观经济总供求相合意的名义汇率及其受到冲击后的反应，作为汇率动态的基本内涵。基于 Frenkel 等（2002）原模型，在货币需求函数中进一步纳入可交易金融资产实际价值 R_f 进行拓展。模型基本变量主要包括：名义汇率（e）（直接标价法），本国价格水平（p），市场总需求（y^D），市场总供给（y^S），国内外名义利率（i 和 i^*），国内资本存量（c）等。其中，小写字母代表变量对数值（利率除外），相应的希腊字母代表（半）弹性值，各系数尤特殊说明均为正数。

模型构建的基础工作主要通过专栏 3 表格中的式（1）至式（7）完成。其中，式（1）报告了国内价格变化是商品市场超额总需求的函数，系数 ϕ 反映了调整速度（假定 ϕ 为正数）。式（2）和式（4）分别给出了总需求和总供给的表达式，式（4）表示假设总供给取决于资本存量。鉴于中国资本账户尚未完全开放，式（5）给出了包含资本管制因素 π（τ）修正后的非抛补利率平价。[②] 式（6）进一步反映了外汇市场基本面

[①] 黄达：《金融学》（第二版），中国人民大学出版社 2009 年版，第 557～559 页。
[②] 即国家风险贴水，参见易纲、范敏（1997），卜永祥（2009）。

分析和技术分析不同的微观主体构成，即"噪音交易者"和"投资者"。[①] 对于货币供求均衡要求实际货币供给等于实际货币需求，我们在式（7）货币需求方程中引入可交易金融资产实际价值 r_F。[②]

将式（3）代入式（4），再结合式（7），整理可得：$i = \dfrac{p}{\kappa\rho + \lambda} + \dfrac{\kappa a - (m - \phi r_F)}{\kappa\rho + \lambda}$（8），其中，$a = f + \beta b[b$ 和 f 分别为式（3）国内资本存量 c 和式（4）总供给 y^s 的截距项]，$\rho = \beta v$。在此基础上，由式（1）至式（4）可得：$\dot{p} = \dfrac{-\phi\delta(\kappa\rho + \lambda) + \phi(\rho - \gamma)}{\kappa\rho + \lambda} p + \phi\delta e + \phi h - \dfrac{\phi\gamma\kappa + \phi\lambda}{\kappa\rho + \lambda} a + \dfrac{\phi\gamma - \phi\rho}{\kappa\rho + \lambda}(m - \phi r_F)$（9）。其中，$h_1 = \dfrac{\partial\dot{p}}{\partial p} = -\dfrac{\phi\delta\kappa\rho + \phi\delta\lambda + \phi(\gamma - \rho)}{\kappa\rho + \lambda}$，$h_2 = \dfrac{\partial\dot{p}}{\partial e} = \phi\delta$。联立式（5）、式（6）和式（8），进一步整理可得：$\dot{e} = \dfrac{p}{w(\kappa\rho + \lambda)} - (1 - w)w^{-1}\alpha e + (1 - w)w^{-1}\alpha\bar{e} + \dfrac{\kappa a - (m - \phi r_F)}{w(\kappa\rho + \lambda)} - [\pi(\tau) + r^*]w^{-1}$（10）。其中，$g_1 = \dfrac{\partial\dot{e}}{\partial e} = -(1 - w)w^{-1}\alpha$，$g_2 = \dfrac{\partial\dot{e}}{\partial p} = \dfrac{1}{w(\kappa\rho + \lambda)}$。由式（9）和式（10）可分别得到 $\dot{p} = 0$ 和 $\dot{e} = 0$ 的组合，对其所构成的动力系统进行 Taylor 展开后可表示为：$\begin{pmatrix}\dot{p} \\ \dot{e}\end{pmatrix} = \begin{pmatrix}h_1 & h_2 \\ g_1 & g_2\end{pmatrix}\begin{pmatrix}p - \bar{p} \\ e - \bar{e}\end{pmatrix}$（11）。设线性方程组（11）的两个特征根为 x_1 和 x_2，由一元二次方程韦达定理，结合特征方程 $x^2 - \omega\lambda T = 0$，$x_1 + x_2 = \omega = h_1 g_2$，$x_1 x_2 = T = h_1 g_2 - h_2 g_1$。可以证明，如果要求两个特征根均为负根，则须 $T > 0$。由此，即解得该动态系统的稳定条件，当 $\gamma \ll \rho$ 时可以得出 $h_1 > 0$。[③] 由于各系数均为正数，显然

① 参见刘晓辉、范从来（2009）。由于我国外汇市场不发达，"噪音交易者"相对缺乏。因此，w 较小。在缺少"噪音交易者"充当减震器功能的制度环境下，名义汇率与宏观经济密切相连，名义汇率波动会影响实际汇率的不稳定进而导致物价波动，造成宏观经济动荡（李天栋，2007）。

② 参见王立荣、刘力臻（2009），肇越（2009）。

③ $\gamma \ll \rho$ 表明总需求对利率的变化反应远小于总供给对利率变化的反应。对于利率市场化程度还有待提升的我国现阶段而言，这与实体经济的开放度要远大于金融经济的开放度的现实下，投资支出与消费支出的利率弹性绝对值远小于厂商生产供给的利率弹性绝对值的经验事实相一致。

有 $h_2 > 0$，$g_1 < 0$ 和 $g_2 > 0$。因此，$\left.\dfrac{\partial p}{\partial e}\right|_{\dot{p}=0} = -\dfrac{h_2}{h_1} < 0$，$\left.\dfrac{\partial p}{\partial e}\right|_{\dot{e}=0} = -\dfrac{g_2}{g_1} > 0$，在动态系统均衡稳定下，纳入可交易金融资产实际价值后的 $\dot{p} = 0$ 斜率为负，$\dot{e} = 0$ 斜率均为正，鞍线从左上方向右下方倾斜。

专栏3

商品市场	$\dot{p} = \phi(y^D - y^S)$	(1)
	$y^D = h + \delta(e - p) - \gamma i$	(2)
	$c = b - vi$	(3)
	$y^S = f + \beta c$	(4)
外汇市场	$E(\dot{e}) = i - i^* - \pi(\tau)$	(5)
	$E(\dot{e}) = w\dot{e} + (1-w)\alpha(e - \bar{e})$	(6)
货币供求均衡	$m - p = \kappa y^S - \lambda i + \phi r_F$	(7)

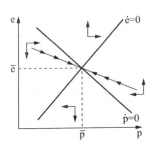

一般而言，由于价格调整具有黏性，因而是慢变量；而在由市场决定汇率的经济体中，汇率通常能够对不平衡进行快速调整，是快变量（易纲、张帆，2008）。但就目前我国而言，人民币资本项目尚未完全可兑换，且汇率动态弹性较低，相对于物价而言，汇率成为慢变量。从汇率动态的角度来看，式（11）可改写为：

$$
\begin{cases}
\dot{p} = h\,(e,\ p) \\
\dot{e} = \phi\,(e,\ p,\ t) \times [g\,(e,\ p,\ t) - \bar{e}]
\end{cases}
\tag{12}
$$

其中，第一个方程体现宏观经济短期波动的总供给情况；第二个方程体现出促使总供求平衡的货币供求均衡下的汇率动态。在此，汇率是慢变量，$[g(e, p, t) - \bar{e}]$ 表明名义汇率对货币供求均衡所要求合意值的失调，可将 $\phi(e, p, t)$ 视为汇率动态的指示器。

从经济开放与货币调控政策相互作用的角度，可将式（11）进一步改写为：

$$\begin{cases} \dot{e} = f(e, p) \\ \dot{p} = \phi(e, p, t) \times [y(e, p, t) - \bar{p}] \end{cases} \tag{13}$$

其中，第一个方程表明了 e 与 p 和中国的对外开放程度相关，可作为我国对外开放度的现实表征；第二个方程实际上是对货币当局行为的再描述，具有丰富的政策内涵：在对外开放进程中，函数 $y(\dot{e}, p, \dot{t})$ 依赖于变量 $\dot{e}$，p 和时间 t 的最适开放水平，对应式（9）不难发现 $\bar{p}$ 由中国的实体经济和金融经济共同决定，$[y(e, p, t) - \bar{p}]$ 体现出物价作为货币调控动态系统的慢变量的重要位置，即货币政策最终目标的基点是保持币值的对内稳定；函数 $\phi(e, p, t)$ 作为调整速度，可将其视为货币数量调控的指示器。

二、汇率动态与货币调控：比较静态分析

进一步考察模型的比较静态，首先，分析资本管制下货币供给增加的效应。如图 3-7 所示，参见式（9），货币扩张会导致 $\dot{p}_1 = 0$ 向右移动至 $\dot{p}_2 = 0$；结合式（10），资本管制的实施会使 $\dot{e}_1 = 0$ 向右移动至 $\dot{e}_2 = 0$。基于本节的模型分析，受到冲击后的汇率动态表现将为随鞍线漂移而跳动（A→B），并沿新鞍线向均衡收敛（B→C）。由于目前人民币存在资本管制，并且在一段时间以来盯住美元汇率，人民币对美元名义汇率成为慢变量，从而 A→B 的转换不能瞬时完成。在此过程中（直接标价法下）A→B 所产生的贬值预期被抑制，汇率超调并非不存在而是产生迟滞。只要存在不平衡，市场力量就一定会调整，如图 3-7 所示，涨价和升值能够解决不平衡问题。由于物价慢变量的位置让渡给了汇率，系统由不平衡向平衡复归的货币调控最终将取决于名义汇率动态。对于 2005 年以来的人民币名义汇率升值，并随着物价

水平的提升（$\bar{p}_{AB} \to \bar{p}_C$），形成了预期自我实现的名义升值循环，B→C 所产生的升值预期不断被强化，表现为人民币对内贬值对外升值。因此，从中短期来看，在货币扩张和资本管制条件下，人民币对内贬值对外升值是名义汇率在发挥货币调控功能效应被抑制的同时，由于预期实现机制不对称，名义汇率在应对经济不平衡的过程中超调迟滞的外在表现。

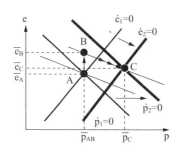
图3-7 资本管制下的货币扩张

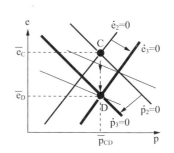
图3-8 资本管制下的货币收缩

其次，进一步分析资本管制下货币当局实行一段宽松货币政策后开始选择退出的货币收缩效应。与上面所不同的是货币收缩会导致 $\dot{p}_2 = 0$ 向左移（参见图3-8），在此过程中，如果物价水平控制稳定，虽然不会产生汇率超调，但却会在原先升值预期实现的基础上进一步升值（$\bar{e}_C \to \bar{e}_D$）。这表明如果宽松货币政策退出一步到位，名义汇率将面临较大的升值压力。值得注意的是，该过程实际上是名义汇率由慢变量转换为快变量，发挥货币调控价格杠杆功能的有利时机。这意味着当还在货币扩张之时，就应在可控性、主动性和渐进性原则基础上，着手为下一步名义汇率发挥货币调控杠杆功能创造条件做好准备，可以试探性地增大汇率波动的弹性。当货币收缩时，币值内外压力对比与货币扩张时正好相反，此时应"顺势而为"，在宽松货币政策逐渐退出过程中，完成名义汇率向快变量的过渡与转换。

最后，对于中国这样快速发展的新兴经济体，资本账户开放是不可回避的问题。从国际上看，由于金融体系不健全、抗风险能力差等诸多问题，一些发展中国家在资本项目开放过程中出现了一些风险。

即便是发达国家，货币可兑换的过程也并非一步到位，当问题出现时，货币当局最先想到的行动对象通常是资本项目。对于人民币汇率与资本账户开放，蒙代尔（2007）曾预言，如果贸然实行资本账户完全可兑换，人民币将会贬值而非升值。[①] 因此，人民币完全可兑换需审慎逐步推进。对此，本部分将用模型框架作进一步说明。

暂不考虑宽松货币政策的退出问题，在货币扩张条件下（参见图 3–9），货币化进程导致 $\dot{p}_2=0$ 继续向右移动至 $\dot{p}_3=0$；当取消资本账户管制以后，结合式（10），$\dot{e}_2=0$ 将会左移动至 $\dot{e}_3=0$。由于资本账户开放，汇率决定的市场化程度提升，与物价相比，恢复为快变量。这时人民币名义汇率可能会出现贬值的瞬时超调，表现为随鞍线漂移而跳动（C→D），并沿着新的鞍线向均衡收敛（D→E）。在此过程中，"汇率预期"制造了"汇率泡沫"后（B→C，参见图 3–7），在名义汇率超调迟滞作用下，原来被忽略的贬值预期（A→B，参见图 3–7）将可能伴随着资本账户的开放而被释放，并进一步与图 3–9 中 C→D 所产生的贬值预期相叠加，形成更大的"汇率空头"。因此，人民币汇率动态在货币扩张，并且由资本管制快速走向开放的过程中，将可能会呈现出"U"型。

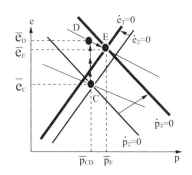

图 3–9　货币扩张和资本账户开放

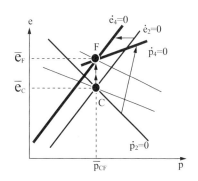

图 3–10　利率市场化的推进

在资本账户管制到开放的临界过程中，作为慢变量的价格调整将决定系统最终的结构和功能，并且在货币扩张资本账户开放以后，币值对外稳定的压力将大于对内稳定的压力。此时货币调控的重心在于如何应对可能出现的汇率超调，实现币值的对外稳定。在协调好金融经济与实体经济的开放度的同时，切实推进利率市场化进程将发挥重要的作用。伴随着贷款利率下限和存款利率上限的放开，商业银行自主定价权提升，总供求对利率变化的反应也将会发生变化。如图 3－10 所示，伴随利率市场化的推进，当投资支出与消费支出的利率弹性绝对值大于厂商生产供给的利率弹性绝对值时，即满足 $\gamma > \rho$ 时，货币扩张将导致 $\dot{p} = 0$ 的斜率发生变化。与此同时，在资本账户开放过程中，$\dot{e}_2 = 0$ 左移至 $\dot{e}_4 = 0$，名义汇率会由均衡点 C 移动至新的均衡点 F，从而可能会避免出现汇率超调（参见图 3－10）。因此，协调好资本账户开放和利率市场化进程有利于缓解汇率超调。

三、政策空间

以汇率超调模型及其拓展为基础，突出货币供求（Ms－Md）与宏观经济短期波动的总供求（AS－AD）关联运行的作用机理，结合非线性宏观金融理论在货币供需分析中引入可交易金融资产，对人民币名义汇率动态进行综合判断。

第一，在货币扩张和资本管制条件下，人民币名义汇率作为经济系统中的慢变量，贬值预期与升值预期实现的地位和机制不对称，导致中短期内难以发挥货币调控的杠杆功能，并呈现人民币名义汇率的超调迟滞，对内贬值对外升值是名义汇率在应对经济不平衡的过程中超调迟滞的外在表现，并且如果宽松货币政策退出一步到位，名义汇率将面临进一步升值的压力。

第二，可将稳定汇率与稳定物价作为货币政策目标交替进行。当货币扩张之时，应着手为下一步名义汇率发挥货币调控杠杆功能创造条件，做好准备。此外，宽松货币政策实施下，须以保证物价稳定为基本前提，在宽松货币政策退出的转换过程中，坚持可控性、主动性和渐进性原则，防止通货膨胀压力在一定程度可通过名义汇率升值来进行替代缓冲。

第三，人民币汇率动态在货币扩张，并且由资本管制快速走向开放的过程中，"汇率预期"在制造了"汇率泡沫"后，在名义汇率超调迟滞作用下，原来被忽略的贬值预期将可能伴随着资本账户的开放而被释放，并进一步产生叠加效应，形成更大的"汇率空头"，因而可能会呈现出"U"型。此时，协调好资本账户开放和利率市场化进程有利于缓解汇率超调。在市场自发调节和政府自我调控的实现过程中，既要做到对人民币汇率"渐进、可控、主动"原则心中有数，更为重要的是将汇率作为大国博弈的政策调控工具"为我所用"。

从1998年东南亚金融危机到2008年全球金融海啸，人民币汇率动态所依托的国际环境经历了十年轮回。2008年全球金融危机的爆发及其向经济危机的转化，加大了中国外向型经济转型升级的难度，在内需消费型经济机制尚未形成而外部需求突然下滑时，中国经济发展面临严峻挑战。面对市场对于人民币币值变化的预期，尽管升值幅度受到抑制，但汇率预期依然是跨境资金投机的关注焦点。一旦形成预期自我实现并不断强化的人民币升值或贬值，将可能会导致实体经济与金融经济的失衡，甚至造成经济泡沫化，从而使得居民通胀预期大大增强，产生棘轮效应。汇率所代表的价格不仅是国际市场竞争和份额比例的比较，更重要的是还承载着国家利益的保障与维护。后金融危机时代，人民币汇率如何脱离美元影响，切实回归参考一篮子货币有管理浮动？中国如何实现金融稳定约束下货币政策的相机抉择？除了人民币在币值对内稳定和对外稳定中进行权衡，如何在支持金融发展与防止其过度泡沫化之间相机抉择？在目前美元本位格局难以撼动的情况下，上述问题的解决有助于更好发挥反映生产力的实体经济和反映金融活力的金融经济对市场经济的双轮驱动，也有助于货币当局辨析汇率变动的短期波动来源和长期趋势，促进人民币国际化的策略实施和战略推进。

第四章　经济赶超下汇率长期动态：价值中枢

第一节　相关文献与事实观察

党的十八届三中全会明确提出，要完善人民币汇率市场化形成机制。2015年和2016年政府工作报告均提出保持人民币汇率在合理均衡水平上基本稳定。新常态前人民币汇率主要呈现出单边升值态势[①]。在国际上曾长期认为人民币汇率低估，要求人民币汇率升值的依据和方法主要有两大类：一是基于购买力平价的直接应用和间接拓展；二是基于宏观经济（内外）平衡的均衡汇率。

一、相关文献

购买力平价的直接应用的代表是英国《经济学人》杂志的麦当劳巨无霸汉堡包指数（Big Mac Index），购买力平价的间接拓展主要是"巴拉萨—萨缪尔森效应"理论下的"宾大效应"。对于基于宏观经济（内外）平衡的均衡汇率的研究，较具代表性的有美国智库彼得森研究所（PIIE）威廉姆森的基本均衡汇率（FEER），以及国际货币基金

---

① 升值进程始于2005年汇率改革，直到进入2014年6月美元汇率开始了上升周期，美元指数累计上升超过10%，同期的人民币对美元汇率仍然升值了0.9%。

组织 IMF 汇率咨询小组的 CGER 评估。从国际汇率监督来看，IMF 的 CGER 汇率评估主要是：宏观经济平衡法（MB）、均衡实际汇率（ER-ER）和外部可持续法（ES）[①]。此外，目前 BEER 已较成体系，包括标准行为均衡汇率（BEER）、持久均衡汇率（PEER）、均衡实际汇率（ERER）、高盛动态平衡汇率（GSDEER）[②]。

1. FEER、BEER 和 NATREX 等均衡汇率视角分析

值得注意的是，尽管 FEER 较为基础和典型，但是 FEER 方法更多是一种流量分析，而没有考虑长期的存量均衡。综合"流量—存量"统筹考虑的动态分析方法只有 NATREX 和 BEER。但是由于 BEER 未能明确界定短期变量和长期基本变量的标准，更多还是均衡实际汇率的测算方法。此外，从实证分析来看，FEER 测算基于的是比较静态分析，而 NATREX 和 BEER 从实证角度来看都可以通过实际汇率及其基本因素之间的"协整关系"来求解"移动的"均衡实际汇率（moving ERER）。国外的估计结果在人民币被低估 49% 到被高估 36% 的范围内较为分散[③]，因此，如何构建适当的人民币汇率价值评估模型尚未达成共识。

2. 跨国价格关系国际比较视角分析

从跨国价格关系国际比较来看，在西方较为典型的是世界银行和美国宾夕法尼亚州大学联合成立的"国际比较计划"，该计划的统计结果显示了跨国价格关系的基本规律：一国的价格水平与该国的人均 GDP 之间存在稳定的正向联系，即"宾大效应"（Penn Effect）。在国外基于"Penn 效应"的拓展型购买力平价方法，以 Frankel（2006）[④]，Cheung（2012）[⑤] 等为代表的研究均认为人民币汇率被低估。

① IMF（2006），"Methodology for CGER Exchange Rate Assessments"，Washington.

② Gino Cenedese，Thomas Stolper（2012），"Currency Fair Value Models，in Jessica James，Ian W. Marsh，Lucio Sarno，editors，Handbook of Exchange Rates"，Chapter 11，John Wiley & Sons，Inc.，313–342.

③ Cheung，Yin–Wong，Menzie D. Chinn and Eiji Fujii（2010），"Measuring Renminbi Misalignment：Where Do We Stand?"，Korea and the World Economy，11：263–296.

④ Frankel，Jeffery（2006），"On the Yuan：The Choice between Adjustment under a Fixed Exchange Rate and Adjustment under a Flexible Rate，CESifo Economic Studies"，52（2）：246–275.

⑤ Yin–Wong Cheung（2012），"Exchange Rate Misalignment：The Case of the Chinese Renminbi"，CESifo Working Paper Series 3797.

3. 国内研究不认同国外关于人民币被严重低估的看法

在国内，相关实证研究并不认同国外关于人民币被严重低估的看法[①]。基于 FEER 模型[②]、BEER 模型及其拓展[③]，内外均衡的实际汇率面板分析[④]结果表明，近期人民币实际汇率不存在低估。此外，通过使用 1990～2010 年的平均值（而非某一年的数据），采用人民币对美元实际汇率与一国相对人均 GDP 的线性模型，结果显示人民币对美元实际汇率很接近那些具有相同发展水平经济体的平均值，2010 年人民币实际上被高估了 9.4%[⑤]。2013 年，在类似发展水平上，典型工业化经济体货币对美元的实际汇率水平大致在 0.4～0.7，而人民币对美元的实际汇率为 0.69，已经达到了该区间的上限[⑥]。

二、问题的提出

1. 对人民币对美元名义汇率与实际有效汇率关系的考察

从现实数据来看，结合人民币对美元名义汇率及人民币实际有效汇率的走势和变化率，参见图 4 - 1 和图 4 - 2。间接标价法下，两者呈现同方向相似变动。这意味着：第一，在长期，人民币对美元名义汇率与人民币实际有效汇率存在某种紧密关联，并且美元在人民币汇率改革后的篮子货币中居于主导。第二，购买力平价不能简单用于人民币对美元均衡汇率的估值定价。因为根据购买力平价，当名义汇率变动时，实际汇率不应发生变化，名义汇率只应由于国内外相对价格的

---

① 王泽填、姚洋：《人民币均衡汇率估计》，《金融研究》2008 年第 12 期，第 22～36 页；杨长江、钟宁桦：《购买力平价与人民币均衡汇率》，《金融研究》2012 年第 1 期，第 36～50 页。

② 胡春田、陈智君：《人民币是否升值过度？——来自基本均衡汇率（1994 - 2008）的证据》，《国际金融研究》2009 年第 11 期，第 55～65 页。

③ 谷宇、高铁梅、付学文：《国际资本流动背景下人民币汇率的均衡水平及短期波动》，《金融研究》2008 年第 5 期，第 1～13 页；肖红叶、王莉、胡海林：《人民币均衡汇率决定机制及其影响因素的作用分析——基于行为均衡汇率估算模型分析技术改进的研究》，《统计研究》2009 年第 3 期，第 3～8 页。

④ 秦朵、何新华：《人民币失衡的测度：指标定义、计算方法及经验分析》，《世界经济》2010 年第 7 期，第 3～24 页。

⑤ 徐迎风：《现行国际货币体系下主要货币汇率对购买力平价的偏离》，载潘英丽等：《国际货币体系未来变革与人民币国际化》，格致出版社、上海人民出版社 2014 年版。

⑥ 许伟：《抓住有利时机进一步完善汇率形成机制》，《中国经济时报》2014 年 7 月 18 日。

变化而变化。① 值得注意的是，人民币名义汇率与实际有效汇率大致同
方向变动，这表明购买力平价对于样本期间内人民币对美元汇率的确
不能简单适用。

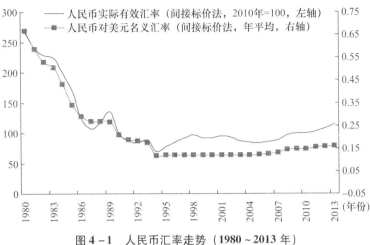

图 4-1　人民币汇率走势（1980~2013 年）

资料来源：CEIC。

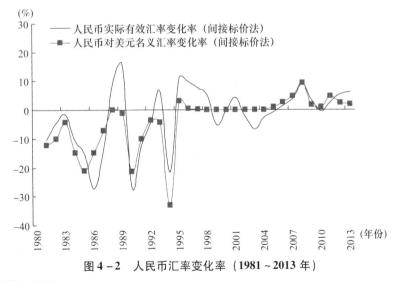

图 4-2　人民币汇率变化率（1981~2013 年）

资料来源：CEIC。

① 鲁迪格·多恩布什、斯坦利·费希尔、里查德·斯塔兹：《宏观经济学》（第十版），王志伟译校，
中国人民大学出版社 2010 年版。

2. 人民币汇率的合理均衡水平究竟在哪里

从中短期看，人民币对美元汇率自2005年汇改以来大幅升值已超过30%，2011年中国国际收支经常项目与GDP之比降至2.8%，人民币汇率正逐步趋于合理均衡水平[①]；从长期而言，人民币对美元汇率取决于中美两国劳动生产率变化和货币政策松紧程度，目前及未来可预见时间内人民币汇率非常接近均衡汇率[②]。对于保持人民币在合理均衡水平上基本稳定，周小川（2012）[③]给出两方面理解：一是人民币汇率如果达到了某个合理均衡水平，就会保持基本稳定；二是人民币汇率已经处于合理均衡水平，当前应当保持人民币汇率基本稳定。而人民币汇率的均衡水平究竟在哪里？仍需要深入研究其判据。

3. 人民币汇率是否存在内外价值悖论

在开放经济条件下，汇率是一个国家货币所代表的对内和对外价值关系的统一。但是，人民币的对内价值与对外价值一直呈现出"内贬外升"。参见图4-3，2005年7月至2014年6月，人民币存在一定的对内贬值和对外升值并存的压力。自2005年人民币汇率形成机制改革以来，人民币对美元名义汇率开始单边升值。伴随2014年3月银行间即期外汇市场人民币对美元交易价浮动幅度再次由1%扩大至2%，人民币汇率的双向浮动弹性增强。从中国现在的情况来看，对于国内产能过剩、经济下行等对内指标，人民币汇率似乎需要贬值；但是结合国际收支顺差、外汇储备累积及其变化等指标来看，人民币汇率似乎仍需要升值。[④]

① 中国人民银行金融研究所：《人民币汇率形成机制改革回顾与展望》，中国人民银行官方网站，2011年10月11日。
② 易纲：《抓住机遇、防范风险，以平常心看待企业"走出去"》，北京大学国家发展研究院中国宏观经济中心《CRMC中国经济观察》第30次季度报告，2012年7月。
③ 周小川：《人民币资本项目可兑换的前景和路径》，《金融研究》2012年第1期，第1~19页。
④ 管涛：《大国汇率政策选择：超越汇率形成机制改革的深度思考》，《新金融评论》2014年第3期，第1~13页。

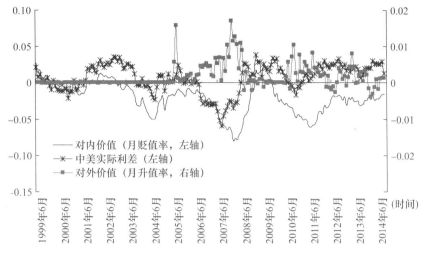

图 4 - 3 人民币的对内价值与对外价值呈现 "内贬外升" 态势

资料来源：CEIC。

4. 人民币汇率动态是否存在价值中枢

从表面上看，人民币汇率走势及其动态变化决定于国际收支外汇供求。但从深层来看，人民币汇率的动态表现，是否如同商品价格围绕价值波动，也围绕一个价值中枢？从马克思主义政治经济学视角看，作为不同国家货币以各自所具有价值量为基础而形成的交换比率，汇率决定体现了不同货币之间的价值对比。如果两国生产各种商品的劳动消耗相当一致，理论上通过比较两国货币的购买力或物价得出两国货币的汇率，这符合马克思的劳动价值论和货币理论；而在具体方法上，根据马克思的国际价值论，国际价值的形成是一个逐渐的过程，在此过程中，采用比较两国可贸易品的价格来得出两国货币相互间的汇率是比较适当的。

第二节 理论分析

理论上，基于 "Penn 效应" 拓展型的购买力平价方法反映的是处于不同发展阶段国家彼此价格水平之间的静态关系，而对于动态效应的阐释正是"巴拉萨—萨缪尔森"效应。值得注意的是，已有很多学者注意到在经济起飞阶段，实际汇率变化与生产率提升关联并不紧密。正如林毅夫（2012）[①] 所指出：若以"巴拉萨—萨缪尔森"效应为参照，成功的发展中国家似乎的确采用了实际汇率贬值的政策。但是，真正原因也可能是这些国家一般是在从具有大量剩余劳动力的二元经济向一个具有统一的全国性劳动力市场的现代经济趋近，在某些阶段"巴拉萨—萨缪尔森"效应并不适用：在剩余劳动力被用光之前，贸易品部门和非贸易品部门的工资率不会增长，而工资的这种变动是"巴拉萨—萨缪尔森"效应中实际汇率升值的必要条件。那么，此时看上去像是低估了的汇率，事实上可能正是均衡汇率。

一、基于 BS 效应前提假设重新考量的拓展分析

1. 从"巴拉萨—萨缪尔森"效应重要的前提假设出发

在 BS 效应分析中，其重要的前提假设是"一价定律"在可贸易品部门中成立，而在不可贸易品部门不成立，由于部门劳动生产率的差异，发展中国家货币的市场汇率长期相对于其购买力平价被低估。如果修改上述前提假设，则可以得到发展中国家因缺乏品牌、垄断、特权和产业结构落后而使其汇率不但相对于其购买力平价低估，而且也相对于可贸易品一价定律成立下的汇率水平低估[②]。为此，需要对购买力平价偏离和一价定律偏离作进一步分析。

2. 对于存在购买力平价偏离的考虑

作为名义汇率在长期的测度，购买力平价 PPP 是国内外整体价格水平 P^d 和 P^f 对比。理论上绝对购买力平价 $PPP = \dfrac{P^d}{P^f}$，但实践中由于存在不可贸易品，PPP 在整体价格水平上并非当然成立。[③] PPP 与现实汇率 S 之间存在系统性差异，即购买力平价偏离意味着不能简单运用购

---

① 林毅夫：《新结构经济学：反思经济发展与政策的理论框架》，北京大学出版社 2012 年版。

② 姜波克、莫涛：《巴拉萨汇率理论的一个修正》，《金融研究》2009 年第 10 期，第 1～6 页。

③ 因为一般物价水平系指一国全部商品和劳务的总价格水平，难以准确测算，因而可操作性低也成为影响绝对购买力平价应用的重大缺陷。参见王广谦：《20 世纪西方货币金融理论研究：进展与评述（修订版）》，经济科学出版社 2010 年版。

买力平价对汇率长期合理水平进行估值定价。

3. 对于存在一价定律偏离的考虑

作为购买力平价的理论基石，一价定律在理论上普遍存在，特别是对于可贸易品，在商品套购机制下跨国可贸易品"同质同价"，从而国内外可贸易品定价满足绝对购买力平价更为充分，进而一价定律下市场认可的均衡汇率 $\overline{S} = P_T^d / P_T^f$。但是，在实践中，往往是 $\overline{S} \neq S$，即存在一价定律偏离。其原因在于一价定律在经济实践中舍弃诸多条件。如各国和地区之间的经济发展水平、就业者收入水平及在国际贸易中的地位等存在巨大差异（这实际上决定了每个国家都必须从自己的切身利益和经济社会稳定出发来权衡对外贸易和汇率政策）。此外，商品供求关系并非决定汇率的唯一因素，经济发展水平、政治制度、人口状况及社会人文、自然地理等因素也都或多或少地影响商品价格从而影响汇率水平。对于人民币实际汇率波动，已有实证研究表明可贸易品偏离一价定律是其主要因素。[1]

二、实际汇率的定义与分解

1. 实际汇率的分解

直接标价法下，从外部实际汇率定义出发，基本分解关系为：

$$Q = S \times \frac{P^f}{P^d} = S \times \frac{(P_T^f)^\beta \times (P_N^f)^{1-\beta}}{(P_T^d)^\gamma \times (P_N^d)^{1-\gamma}} = \left(S \times \frac{P_T^f}{P_T^d} \right) \times \left[\frac{(P_N^f / P_T^f)^{1-\beta}}{(P_N^d / P_T^d)^{1-\gamma}} \right] \quad (4-1)$$

其中，Q 为实际汇率，S 为名义汇率，P^d 和 P^f 分别为国内外整体价格，P_T^d 和 P_T^f 分别为国内外可贸易品价格，P_N^d 和 P_N^f 分别为国内外不可贸易品价格，进一步假设国内外的价格构成 $\gamma = \beta = \alpha$，引入长期均衡名义汇率 $\overline{S} = \frac{P_T^d}{P_T^f}$，并且允许 $S \neq \overline{S}$，从而可将 Q 作如下分解：

$$Q = S \left(\frac{P^f}{P^d} \right) = S \frac{(P_T^f)^\alpha \ (P_N^f)^{1-\alpha}}{(P_T^d)^\alpha \ (P_N^d)^{1-\alpha}} = \frac{S}{\overline{S}} \left(\overline{S} \frac{P_N^f}{P_N^d} \right)^{1-\alpha} \quad (4-2)$$

① 徐建炜、杨盼盼：《理解中国的实际汇率：一价定律偏离还是相对价格变动?》，《经济研究》2011年第7期，第78~90页。

2. 对数化处理及实际汇率的分解因素

对式（4-2）两边取对数，可得：

$$\ln Q = \ln\left(\frac{S}{\bar{S}}\right) + \ln\left[\left(\bar{S}\,\frac{P_N^f}{P_N^d}\right)^{1-\alpha}\right] = \ln\left[1 + \frac{S - \bar{S}}{\bar{S}}\right] + \ln\left[\left(\bar{S}\,\frac{P_N^f}{P_N^d}\right)^{1-\alpha}\right] \quad (4-3)$$

相应小写字母表示对数化后变量，令 $\ln\left(\dfrac{S}{\bar{S}}\right) = (s - \bar{s}) = \text{lopp}$ 表示"一价定律"偏离，进而

$$q = \text{lopp} + (1-\alpha)(p_N^f - p_N^d + \bar{s}) = \text{lopp} + (1-\alpha)(p_N^f - p_N^d) + (1-\alpha)\bar{s}$$
$$(4-4)$$

由式（4-4）可知，当存在"一价定律"偏离时（即允许 $S \neq \bar{S}$），实际汇率可分解为"一价定律"偏离（lopp）、价格构成不可贸易品占比 $(1-\alpha)$ 分别乘国内外不可贸易品价格差异 $(p_N^f - p_N^d)$ 及可贸易品一价定律成立下长期均衡名义汇率 $(\bar{S})$。

3. 不可贸易品价格的国内外差异再考量

第一，不可贸易品定价。对于一国而言，不可贸易品定价可表示为：

$$P_N = A_N W_N \quad (4-5)$$

其中，A_N 为一国一单位不可贸易品的不变劳动力成本，W_N 为不可贸易品部门的工资水平。劳动者在一国内可以自由流动，但跨国流动存在很大障碍，并且劳动者在本国内的自由流动将原来较高的可贸易品部门的工资水平和较低的不可贸易品部门的工资水平拉平，由此可得：

$$W_T = W_N = W \quad (4-6)$$

第二，厂商微观经济优化。结合劳动生产率定义，在厂商利润最大化条件下[1]

$$\delta \cdot \frac{Y}{L} = MPL = \frac{W}{P} \quad (4-7)$$

---

[1] 新古典分配理论告诉我们实际工资（W/P）等于劳动的边际产量，柯布—道格拉斯生产函数告诉我们劳动的边际产量与平均劳动生产率（Y/L）成比例，理论和历史证实了劳动生产率与实际工资之间的紧密联系。参见 N. 格里高利·曼昆：《宏观经济学（第七版）》，卢远瞩译，中国人民大学出版社 2011 年版。

$$P_N = A_N \times W = A_N \times \left(\delta \times \frac{Y}{L} \right) \times P \qquad (4-8)$$

由于一国的技术水平决定了单位劳动力成本，且令 A 代表一国技术水平（$A = A_N$），B 近似代表一国劳动生产率$\left(B = \delta \times \frac{Y}{L} \right)$。

第三，对数化处理。国内外不可贸易品价格差异（$p_N^f - p_N^d$）可表示为：

$$p_N^f - p_N^d = (a_N^f - a_N^d) + (w^f - w^d) = (a^f - a^d) + (b^f - b^d) + (p^f - p^d) \qquad (4-9)$$

参见式（4-9），国内外整体的技术差异$(a^f - a^d)$、整体的劳动生产率差异$(b^f - b^d)$及整体的价格水平差异$(p^f - p^d)$决定了国内外不可贸易品价格差异$(p_N^f - p_N^d)$。

三、从短期到中长期的跨期考量

1. 短期分析

第一，预期行为的刻画。如果实际汇率确实存在向均衡值回归的趋势，行为人就会注意到这种趋势（而这又体现了行为人是理性的），进而认为行为人具有回归性预期[1]。令实际汇率预期变化率为（$\Delta q)^e$，国内外可贸易品比价 $\overline{S}$ 为投资者判断实际汇率动态及其向均衡调整的长期均衡水平，θ 为行为人预期实际汇率向均衡回归的速度，（$r^d - r^f$）为国内外实际利率差异，ρ 为人民币实际汇率风险溢价。

$$(\Delta q)^e = -\theta \left(\frac{S - \overline{S}}{\overline{S}} \right) = r^d - r^f - \rho \qquad (4-10)$$

第二，名义汇率失调分析。结合非抛补利率平价、费雪效应与式（4-10），从而有

$$\frac{S - \overline{S}}{\overline{S}} = -\frac{1}{\theta}(r^d - r^f - \rho) = \frac{1}{\theta}\rho + \frac{1}{\theta}(r^f - r^d) \qquad (4-11)$$

① Richard Caves，Ronald Jones，Jeffrey A. Frankel（2007），"World Trade and Payments：An Introduction（Tenth edition）"，Addison Wesley Longman：Boston MA.

令 $MIS = \dfrac{S - \bar{S}}{\bar{S}}$ 表示名义汇率失调，$s - \bar{s} = \ln\left(\dfrac{S}{\bar{S}}\right) = \ln\left[1 + \dfrac{S - \bar{S}}{\bar{S}}\right]$，并且

$\dfrac{S - \bar{S}}{\bar{S}}$ 较小时，$MIS \approx lopp$。在此基础上，结合式（4 - 3）、式（4 - 4）、

式（4 - 10）和式（4 - 11），可得：

$$q = \frac{1}{\theta}\rho + \frac{1}{\theta}(r^f - r^d) + (1 - \alpha)\left[(a^f - a^d) + (b^f - b^d) + (p^f - p^d)\right] +$$

$$(1 - \alpha)\bar{s} \tag{4 - 12}$$

$$MIS = \left[\frac{1}{\theta}\rho + \frac{1}{\theta}(r^f - r^d)\right] \approx lopp = (s - \bar{s}) \tag{4 - 13}$$

第三，短期分析。参见式（4 - 12），可贸易品一价定律成立下长期均衡名义汇率 $\bar{s}$ 内含于实际汇率中。在短期，实际产出和潜在产出均不变，劳动力和技术水平也不变，物价水平也因价格黏性稳定，从而式（4 - 12）中的 $\left[(a^f - a^d) + (b^f - b^d) + (p^f - p^d)\right]$ 也稳定。进而从汇率调整来看，结合式（4 - 13），对应于名义汇率失调（MIS）以及预期调整（θ），资本项目开放程度等因素决定的实际汇率风险溢价 ρ 以及由货币政策等因素决定的国内外实际利率差异（$r^f - r^d$），既是名义汇率失调的主要构成，也是实际汇率动态调整的重要短期构成。特定水平下的 MIS 和 θ，对应着特定水平的 S 和 $\bar{S}$，并且 ρ 和（$r^f - r^d$）此消彼长，进而对应于特定的实际汇率 q。伴随 MIS 和 θ 改变，ρ 和（$r^f - r^d$），特别是名义汇率以及实际汇率将进入中期内的更为复杂的变化与调整。

2. 中长期分析

第一，$\bar{s}$ 求解。由于 $q = s + (p^f - p^d)$，将其代入式（4 - 12）并结合式（4 - 13）整理后可得：

$$\bar{s} = \frac{1 - \alpha}{\alpha}\left[(a^f - a^d) + (b^f - b^d)\right] - (p^f - p^d) \tag{4 - 14}$$

由此可见，可贸易品一价定律成立下长期均衡名义汇率 $\bar{s}$ 的主要决定因素是国内外整体技术差异（$a^f - a^d$）、劳动生产率差异（$b^f - b^d$）及价格水平差异（$p^f - p^d$）。

第二，$\bar{s}$ 与 ppp 的关系。由于绝对购买力平价是针对整体物价水平的，即 $PPP = \dfrac{P^d}{P^f}$，对数化后可得 $ppp = p^d - p^f$，将其代入式（4-14）整理后可得：

$$\bar{s} - ppp = \frac{1-\alpha}{\alpha}\left[(a^f - a^d) + (b^f - b^d)\right] \qquad (4-15)$$

由式（4-15）可知，在某个时期，若 $a^f > a^d$ 并且 $b^f > b^d$，显然可得 $\bar{s} > ppp$；相反，若 $a^f < a^d$ 并且 $b^f < b^d$，则 $\bar{s} < ppp$。对于发展中的本国和发达的外国而言，一般地，初始条件可能是 $a^f > a^d$，$b^f > b^d$，从而 $\bar{s} > ppp$。

第三，均衡实际汇率。在上述分析基础上，可将 $\bar{s} - ppp$ 进一步定义为均衡实际汇率 $\bar{q}$，其含义是与国内外可贸易品比价对数值 $\bar{s}$ 相适应的均衡实际汇率。需要特别指出的是 $\bar{q}$ 并不要求国内外物价必然满足均衡条件，进而 $\bar{q} = \dfrac{1-\alpha}{\alpha}\left[(a^f - a^d) + (b^f - b^d)\right]$ 主要取决于国内外整体的技术差异 $(a^f - a^d)$、劳动生产率差异 $(b^f - b^d)$。$(a^f - a^d)$ 和 $(b^f - b^d)$ 分别是 $\bar{q}$ 在长期和中期的关键决定因素。

第四，在中期内，国内外整体的技术差异 $(a^f - a^d)$ 不变，而劳动生产率差异 $(b^f - b^d)$ 可以变化。这意味着，相对于初始条件（时期 t_0），在中期调整的时期 t_1，若技术水平 $a^f > a^d$ 不变，但劳动生产率 $b^f > b^d$ 相差幅度可能会随着发展中本国的 b^d 不断提升而缩小，甚至可能会转变为 $b^f < b^d$。在长期内，国内外整体的技术差异 $(a^f - a^d)$ 和劳动生产率差异 $(b^f - b^d)$ 均可以变化。

在长期，参见表 4-1 至表 4-3，汇率标价为直接标价法，其中向上的箭头表示 $(b^f - b^d)$ 或 $(a^f - a^d)$ 或 $(p^f - p^d)$ 整体变大，向下的箭头表示 $(b^f - b^d)$ 或 $(a^f - a^d)$ 或 $(p^f - p^d)$ 整体变小，箭头越多表示变化程度越大。若将经济发展方式是否集约型发展以劳动生产率和全要素生产率是否提升为标准，则集约型和粗放型分别可分为"强、中、弱和不太可能出现"等类别。若剔除短期信息影响后，实际汇率长期趋势下的合理均衡水平 $\bar{q}$，主要取决于国内外劳动生产率和技术水平的综合差异的长期趋势（参见式 $\bar{q} = \dfrac{1-\alpha}{\alpha}\left[(a^f - a^d) + (b^f - b^d)\right]$），这也体现了经济发展方式是集约型还是粗放型增长。在此基础上，分别结合国内外物价水平差异，可进一步得到名义汇率价值中枢（参见式 $\bar{s} = \dfrac{1-\alpha}{\alpha}\left[(a^f - a^d) + (b^f - b^d)\right] - (p^f - p^d)$）。

表4-1 物价稳定情况下汇率均衡长期动态
（直接标价法，国外条件给定且其他条件不变）

情形	名义汇率价值中枢	国内外物价差异	均衡实际汇率	国内外劳动生产率差异	国内外技术水平差异	经济发展（集约型/粗放型）
	$\bar{s}$	$(p^f - p^d)$	$\bar{q}$	$(b^f - b^d)$	$(a^f - a^d)$	（强/中/弱）
情形1	升值	稳定	升值	↓（b^d 提升）	↓（a^d 提升）	趋向集约（强）
情形2	升值	稳定	升值	↓↓（b^d 提升）	↑（a^d 降低）	趋向集约（中）
情形3	升值	稳定	升值	↑（b^d 降低）	↓↓（a^d 提升）	不太可能出现
情形4	稳定	稳定	稳定	↓（b^d 提升）	↑（a^d 降低）	趋向集约（弱）
情形5	稳定	稳定	稳定	↑（b^d 降低）	↓（a^d 提升）	不太可能出现
情形6	贬值	稳定	贬值	↓（b^d 提升）	↑↑（a^d 降低）	趋向粗放（弱）
情形7	贬值	稳定	贬值	↑（b^d 降低）	↑（a^d 降低）	趋向粗放（强）
情形8	贬值	稳定	贬值	↑↑（b^d 降低）	↓（a^d 提升）	不太可能出现

表4-2 国内通缩情况下汇率均衡长期动态
（直接标价法，国外条件给定且其他条件不变）

情形	名义汇率价值中枢	国内外物价差异	均衡实际汇率	国内外劳动生产率差异	国内外技术水平差异	经济发展（集约型/粗放型）
	$\bar{s}$	$(p^f - p^d)$	$\bar{q}$	$(b^f - b^d)$	$(a^f - a^d)$	（强/中/弱）
情形1	升值	↑（p^d 下降）	升值	↓（b^d 提升）	↓（a^d 提升）	趋向集约（强）
情形2	升值	↑（p^d 下降）	升值	↓↓（b^d 提升）	↑（a^d 降低）	趋向集约（中）
情形3	稳定	↑（p^d 下降）	升值	↑（b^d 降低）	↓↓（a^d 提升）	不太可能出现
情形4	升值	↑（p^d 下降）	稳定	↓（b^d 提升）	↑（a^d 降低）	趋向集约（弱）
情形5	升值	↑（p^d 下降）	稳定	↑（b^d 降低）	↓（a^d 提升）	不太可能出现
情形6	稳定	↑（p^d 下降）	贬值	↓（b^d 提升）	↑↑（a^d 降低）	趋向粗放（弱）
情形7	贬值	↑（p^d 下降）	贬值	↑（b^d 降低）	↑（a^d 降低）	趋向粗放（强）
情形8	稳定	↑（p^d 下降）	贬值	↑↑（b^d 降低）	↓（a^d 提升）	不太可能出现

表 4 – 3　国内通胀情况下汇率均衡长期动态

（直接标价法，国外条件给定且其他条件不变）

情形	名义汇率价值中枢 $\bar{s}$	国内外物价差异 $(p^f - p^d)$	均衡实际汇率 $\bar{q}$	国内外劳动生产率差异 $(b^f - b^d)$	国内外技术水平差异 $(a^f - a^d)$	经济发展（集约型/粗放型）（强/中/弱）
情形 1	升值	↓（p^d 提升）	升值	↓（b^d 提升）	↓（a^d 提升）	趋向集约（强）
情形 2	稳定	↓（p^d 提升）		↓↓（b^d 提升）	↑（a^d 降低）	趋向集约（中）
情形 3	稳定	↓（p^d 提升）		↑（b^d 降低）	↓↓（a^d 提升）	不太可能出现
情形 4	贬值	↓（p^d 提升）	稳定	↓（b^d 提升）	↑（a^d 降低）	趋向集约（弱）
情形 5	贬值	↓（p^d 提升）		↑（b^d 降低）	↓（a^d 提升）	不太可能出现
情形 6	贬值	↓（p^d 提升）	贬值	↓（b^d 提升）	↑↑（a^d 降低）	趋向粗放（弱）
情形 7	贬值	↓（p^d 提升）		↑（b^d 降低）	↑（a^d 降低）	趋向粗放（强）
情形 8	贬值	↓（p^d 提升）		↑↑（b^d 降低）	↓（a^d 提升）	不太可能出现

第三节　政策含义

党的十八届三中全会明确提出要"完善人民币汇率市场化形成机制"，其含义是进一步完善以市场供求为基础，有管理浮动汇率制度，发挥市场供求在汇率形成中的决定性作用，提高国内外两种资源配置效率，以实现国际收支大体平衡或动态平衡。完善汇率市场化形成机制的操作原则是：主动性、可控性和渐进性。完善人民币汇率市场化形成机制改革中还有一系列问题需要进一步研究。例如，如何理解判断汇率均衡？如何实现汇率的有管理浮动？从理论和实践的长期、中期和短期来看，长期均衡汇率基于购买力平价，汇率升值路径与其拓展的"巴拉萨—萨缪尔森"效应有关；中期均衡基于国际收支大体平衡，"合理区间"与经常项目是否顺差，对外资产（外汇储备）是否持续增加有关；而短期均衡基于利率平价，与国际短期资本流动和汇率预期有关。

将来可进一步以贸易量为主要依据确定各种货币在"篮子汇率"（NEER）中的权重，在此基础上，求解保持"中心汇率"（REER）基本稳定并且兼顾中短期市场供求所要求的"目标汇率"（人民币对美元双边汇率的基值）。在此基础上，综合经常项目差额对 GDP 的合理均衡占比［CA/GDP］（如控制在 2% 至 3% 的区间内）以及人民币实际有效汇率（REER）对［CA/GDP］的影响弹性，确定"中心汇率"（REER）波动的"合理区间"。综合人民币对美元汇率相对于"目标汇率"的失调，以及"篮子汇率"（NEER）相对于"合理区间"的边界突破，通过引导人民币对美元汇率中间价，在必要时吸纳市场超额供给或填补超额需求，从而将"篮子汇率"（NEER）引导到"合理区间"内，以实现人民币汇率动态目标区管理。在此过程中应采取渐进推进策略，避免跨境短期资本大规模进出对金融体系形成较大冲击，创造一定的时间条件使得国内微观经济主体适应汇率波动并消化汇率变动的压力。

　　目前中国经济增速放缓。IMF 最新研究表明，在落实全面深化改革条件下，中国 GDP 增长潜力到 2020 年才有可能提高 2 个以上的百分点。如何能成功跨越中等收入陷阱，真正步入高收入国家行列？可持续增长的根源和动力，比单纯的保增长更为重要。开放型市场经济，技术创新是根本，市场完善是基础，国内外资本配置是关键，本外币资金价格是核心。开放经济金融大棋局中，对内需、外需的控制协调涉及国民财富的重大损益！须审慎对待，应充分发挥汇率价格杠杆作用，顺应市场，实现政策有效微调。保持人民币汇率在合理均衡水平上的基本稳定，是中国货币政策长期以来一直强调的重要内容。汇率的合理均衡水平之所以重要，因为它不但是各方评判汇率高估或低估的基础，也是央行制定汇率政策以及实现本外币政策协调的参考。因此，必须要坚持和优化汇率政策目标，保持人民币汇率在合理均衡水平上的基本稳定。尽管促进人民币汇率趋向合理均衡后再转向浮动有助于实现人民币资产需求的跟进与提升，但是为了经济可持续发展，国家仍需要维持竞争性的汇率，即加强国际竞争力、强化增长潜力仍然是汇率政策的核心所在。

第五章 资本项目有管理下汇率短期动态：风险溢价

第一节 引 言

近年来，中国经济出现一系列结构性变化，最显著的变化之一是中国外汇储备累积。鉴于全球金融危机前外汇储备相对于基于金融动机（主要涉及可转换为外币的国内金融负债规模、金融开放程度以及汇率政策等）的广义货币量之比是 2008 年危机期间汇率变动的显著预测指示（Obstfeld 等，2009），并且在外汇市场供求均衡条件下，可进一步求解均衡汇率（Obstfeld 等，2010）。结合标准的资产定价分析框架，对数表示的汇率可表示为私人部门对未来经济基本面预期的折现函数。对中国而言，外汇储备多元化和汇率制度转换正是影响市场参与者对汇率变化预期的重要驱动因素（Fratzscher 和 Mehl，2011）。从人民币汇率评估模型与政策研究来看，Goldstein 和 Lardy（2006）认为恰当的资本账户自由化顺序有助于在银行体系发展壮大的同时继续推进货币改革进程。Frankel（2009）指出，目前人民币采取 BBC（区间篮子爬行汇率）制度安排，技术上既能覆盖权重又能推定浮动性十分重要，并发现自 2007 年中期，人民币货币篮子中美元权重很大部分转向了欧元，分析表明，在该时期人民币对美元升值主要是美元对欧元升值，而并非是由人民币相对于货币篮子整体升值所导致。Chinn（2009）采用有关中国实际收入的新度量后，发现没有任何证据显示人民币汇率被低估。Ma 和 McCauley（2011）研究发现自 2006 年中期至 2008 年中期，人民币对相关贸易伙伴国的一篮子货币有效汇率升值并且在年爬行带正负 2% 窄幅区间内浮动。

从政策目标角度来看，应该让汇率达到某一水平，从而使企业的竞争地位主要由潜在的资源成本决定而非由汇率决定，这意味着汇率是货币政策的一个目标，而冲销干预的存在使得汇率政策与货币政策得以分开。目前，中国货币当局执行冲销政策已经超过十年，在今后相当一段时间可能还会继续下去。鉴于中国冲销干预的不可持续（周晴，2008；余明，2010）以及央行的资产配置严重外化，总资产中"国外资产"占比从 2001 年的 41.01% 快速上升到 2010 年的 83.09%（王国刚，2012），中国货币政策和汇率政策存在不协调问题（王爱俭，2012）。从中国本外币政策协调的着力点来看，项俊波（2007）提出要从战略层面突出人民币的优先地位，权衡汇率浮动、资本项目开放、货币政策独立三者之间的关系。对此，近期国内学者展开争论，一方主张加快推进资本项目可兑换，不需要等待利率市场化、汇率形成机制改革或者人民币国际化条件完全成熟，具体的改革开放措施是成熟一项，推进一项（盛松成等，2012）。另一方则认为，人民币国际化应慎行，中国当前不应盲目推进人民币国际化（余永定，2012）。从实践来看，伴随人民币汇率弹性进一步增强，人民币利率市场化不断推进，2013 年借力中国（上海）自由贸易试验区金融改革试点，一系列新政措施的出台体现出政府协调推进人民币国际化更深层次内涵。

根据环球银行金融电信协会（SWIFT）的数据，人民币于 2013 年 11 月和 12 月间，首次进入全球以价值额计算的支付货币排行榜的前十名。总体而言，当前人民币国际化进程及其发展具有特殊性。第一，自 2009 年跨境贸易人民币结算开始试点以来，人民币虽然充当贸易结算货币但尚未成为计价货币，进出口贸易的汇率风险规避及巨额外汇储备化问题仍然存在，人民币国际化的初衷尚未实现。第二，伴随香港地区离岸金融市场发展，自 2010 年以后海外投资者获得人民币资产更为容易，人民币国际化的实质虽然得以初步体现，但是在资本项目尚未完全可兑换条件下，由政府部门主动推动离岸市场发展少有先例。第三，人民币汇率单边升值预期驱动下套利和投机成为离岸市场发展主流，在人民币计价结算金融产品缺乏情况下，回流机制不健全，人民币国际化的路径仍需优化。

第二节　理论模型

本节以人民币兑美元名义双边名义即期汇率（e）为研究对象，在以下假设基础上，通过模型求解人民币均衡名义汇率进而对资本项目可兑换下汇率动态进行分析。

一、基本假设：利率平价与风险溢价

首先，假设中国可持有本外币资产，而国外持有人民币资产受到限制，人民币兑美元即期汇率在中国外汇市场中决定。如果预期中国经济可持续增长，则在当期汇率的基础上，将会形成人民币汇率升值预期。由于微观主体存在异质性差异，在宏观层面人民币兑美元即期汇率是否、何时及采取何种方式升值，存在认识上的非一致性。其次，在资本项目可兑换进程中，假设货币当局从整体上能够引导汇率预期变化，从而使人民币汇率有管理浮动。

假设1：鉴于中国资本项目尚未完全开放，利率平价不完全成立，非居民并非风险中性：

$$rp_{US/CH} = i^{US} - i^{CH} + \dot{e} \qquad (5-1)$$

式（5-1）表明在涉外金融交易中对于外汇风险存在风险溢价。其中，$rp_{US/CH}$为美元（相对于人民币）汇率风险溢价，i^{US}和i^{CH}分别为美国和中国的利率，$\dot{e}$为预期汇率变化率。

假设2：在当下t_0时期，人民币兑美元汇率e按照如下公式给定：

$$e(\theta) = \alpha\theta \qquad (5-2)$$

其中，θ是本国经济在未来状态的指示变量（主要由经济基本面决定），令弹性系数 $0 < \alpha < 1$，当θ的数值相对较低时表明经济状态相对较好。在此选取直接标价法，定义中美双边名义（即期）汇率为1单位美元所表示的人民币价格，即当 e 数值下降时，表示人民币兑美元即期汇率升值。

假设3：对于外汇市场交易者，给定θ值，假设微观经济行为主体 i 持有预期（$i \in [0, 1]$），认为经济基本面在未来 t_1 时期为 $\theta + \varepsilon_i$。其中，ε_i 为微观经济主体 i 在当下 t_0 时期对未来中国经济基本面的不确定性预期，并假设噪音 ε_i 在区间 $[-\bar{\varepsilon}, \bar{\varepsilon}]$ 内服从均匀分布，且 $\theta - \bar{\varepsilon} > 0$。则人民币兑美元即期汇率预期可表示为 $E\{e(\theta)|\theta + \varepsilon_i\} = \alpha(\theta + \varepsilon_i)$。

二、供求分析：资本项目不完全可兑换条件下外汇市场

根据以上假设，在 Obstfeld 等（2010）基础上进行拓展，当人民币兑美元即期汇率预期 $E\{e(\theta)|\theta + \varepsilon_i\} = \alpha(\theta + \varepsilon_i) \leq e$ 时，即存在人民币汇率失调、升值预期并且资本项目不完全可兑换条件下，微观经济主体 i 希望持有人民币，外汇供给方将会尽快办理结汇，外汇需求方将倾向于推迟办理售汇，从而形成当下的人民币超额需求，对应美元超额供给，进而形成人民币汇率升值压力。反之，当预期人民币汇率将会相对于现在水平贬值时，微观经济主体 i 希望持有外币，外汇供给方将倾向于推迟结汇，外汇需求方将倾向于尽快办理售汇，从而形成当下美元超额需求，对应人民币超额供给。

在人民币汇率失调和升值预期下，结合大数定律，微观经济主体行为所形成的汇率预期水平将不会高于当期给定的汇率 e，即 $\alpha(\theta + \varepsilon_i) \leq e$，等价于 $\varepsilon_i \leq \dfrac{e}{\alpha} - \theta$，结合假设3可得：

$$\frac{1}{2\bar{\varepsilon}} \int_{-\bar{\varepsilon}}^{\frac{e}{\alpha} - \theta} dx = \frac{1}{2\bar{\varepsilon}} \left(\frac{e}{\alpha} - \theta + \bar{\varepsilon} \right) \tag{5-3}$$

进而在 t_0 时期人民币兑美元即期汇率 e 下，以本币表示的国内居民对美元的超额需求为：

$$Q = \frac{M}{2\overline{\varepsilon}e}\left(\frac{e}{\alpha} - \theta + \overline{\varepsilon}\right) \qquad\qquad (5-4)$$

式（5-4）所表达的含义是国内居民以本国银行存款的方式持有货币，代表性微观经济主体进行本外币汇兑（结售汇）并反映在其本币存款账户上。在人民币汇率升值预期条件下，以微观经济主体向商业银行办理美元结汇的过程为例，代表性微观经济主体的人民币存款以及广义货币 M 将会成比例上升。最终体现在央行（及商业银行）的资产负债表中负债增加，央行资产负债表中资产方的外汇储备也相应增加。

对于中国（及其他新兴市场经济体）而言，持有外汇储备的主要动机是为支撑国内金融系统稳定和实体经济增长，规避外部冲击所带来的巨大风险。一旦面临风险，中央银行将出售外汇储备进行干预，则国际收支方程为：

$$CA_t + KA_t \equiv BOP_t = R_t \qquad\qquad (5-5)$$

其中，CA_t 表示经常账户余额，KA_t 表示资本金融账户余额，BOP_t 表示国际收支，R_t 是 t 时期外汇当局净外汇购买（即外汇储备的累积，参见图 5-1）。

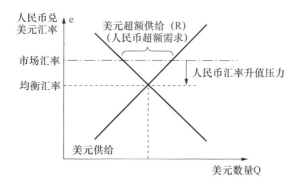

图 5-1　外汇市场供求与外汇储备累积机制

在人民币汇率失调、存在升值压力条件下，外汇市场中美元超额供给（即货币当局所持有美元资产外汇储备 R）在数值上等于国内居民对美元的超额需求 $Q = \dfrac{M}{2\overline{\varepsilon}e}\left(\dfrac{e}{\alpha} - \theta + \overline{\varepsilon}\right)$，即 $\dfrac{M}{2\overline{\varepsilon}e}\left(\dfrac{e}{\alpha} - \theta + \overline{\varepsilon}\right) = R \times e$，

进一步求解可得市场汇率表达式为：

$$e = \frac{1 + \sqrt{1 - 8\overline{\varepsilon}\alpha^2(\theta - \overline{\varepsilon})\dfrac{R}{M}}}{\dfrac{4\overline{\varepsilon}\alpha R}{M}} \qquad (5-6)$$

式（5-6）表明在升值预期条件下，对于均衡名义汇率，人民币兑美元名义汇率在数值上与即期汇率预期形成因素负相关，与以外币衡量的外汇储备 R（单位：USD 美元）和广义货币 M（单位：RMB 元）之比（R/M）负相关。

三、货币当局本外币资产配置分析

假设中国货币当局将其资产以一定比例进行如下配置：

$$A^{CH} = D^{CH} + eF^{US} \qquad (5-7)$$

其中，D^{CH} 为中国央行持有的本币资产，F^{US} 为中国央行持有的外汇储备（美元资产），持有美元资产比重为 $w = eF^{US}/A^{CH}$，$0 < w < 1$。进而假设在无货币危机冲击下央行资产外化程度降低（w 下降）意味着本外币政策协调性空间提升（即两者负相关）。对于中国央行，将其资产配置于美元资产的比重为 w，配置于人民币资产的比重为 $(1-w)$，则其资产组合的总回报为 $r = w \times r^{US} + (1-w) \times r^{CH}$。假设央行调控者风险厌恶，即希望其总资产组合的风险越小越好，而其总资产回报的预期越高越好。用均值—方差模型表示资产组合的预期回报和方差分别为：

$$E(r) = wE(r^{US}) + (1-w)E(r^{CH}) \qquad (5-8)$$

$$V(r) = w^2 V(r^{US}) + (1-w)^2 V(r^{CH}) + 2w(1-w)\mathrm{Cov}(r^{US}, r^{CH}) \qquad (5-9)$$

由于美元为安全资产（且美元资产无流动性风险），人民币资产存在流动性风险，从而美元资产回报为 $r^{US} = i^{US}$（美国联邦基金利率），人民币资产回报为 $r^{CH} = i^{CH} - \dot{e}$（人民币名义利率减去人民币兑美元的升值率），并且央行在进行决策时两国利率已经确定，从而利率的方差

为 0，只有即期汇率的变化不确定，从而均值—方差模型可表示为：

$$E(r) = w(i^{US}) + (1-w)(i^{CH} - \dot{e}) \tag{5-10}$$

$$V(r) = (1-w)^2 V(\dot{e}) \tag{5-11}$$

假设央行投资者同时关心上述均值和方差，其试图最大化有关均值和方差的某个函数 $\phi[E(r), V(r)]$，为了选择 w 而使其效用最大化，可以求 ϕ 对 w 的微分：

$$\frac{d\phi}{dw} = \frac{d\phi}{dE(r)}\frac{dE(r)}{dw} + \frac{d\phi}{dV(r)}\frac{dV(r)}{dw} \tag{5-12}$$

求式（5-10）和式（5-11）对 w 的导数，并代入式（5-12），可得：

$$\frac{d\phi}{dw} = \frac{d\phi}{dE(r)}(i^{US} - i^{CH} + \dot{e}) - \frac{d\phi}{dV(r)}[2(1-w)V(\dot{e})] \tag{5-13}$$

令式（5-13）等于 0，从而求解 w 得到投资者资产组合最优配置：

$$w = 1 - \frac{i^{US} - i^{CH} + \dot{e}}{\left\{\left[2\dfrac{d\phi}{dV(r)}\right] \middle/ \left[\dfrac{d\phi}{dE(r)}\right]\right\}V(\dot{e})} \tag{5-14}$$

令 $RRA^{CH} = \left[-2\dfrac{d\phi}{dV(r)}\right] \middle/ \left[\dfrac{d\phi}{dE(r)}\right]$ 为央行调控者的相对风险厌恶系数，结合式（5-1）人民币与美元之间的预期风险溢价 $rp_{US/CH} = i^{US} - i^{CH} + \dot{e}$，根据假设美元资产无流动性风险，但人民币资产存在流动性风险，从而 $V(\dot{e}) = \delta_{US}^2 + \delta_{CH}^2 - 2\delta^{US\_CH} + \gamma_{CH}^2$，其中 $\delta_{US}^2(\delta_{CH}^2)$ 为美元（人民币）汇率波动的方差，γ_{CH}^2 为刻画人民币资产流动性风险的方差。因此，中国央行调控者将其资产配置于美元资产的比重为：

$$w = 1 - \frac{rp_{US/CH}}{RRA^{CH}(\delta_{US}^2 + \delta_{CH}^2 - 2\delta_{US\_CH} + \gamma_{CH}^2)} \tag{5-15}$$

在此基础上，与人民币国际化相一致，若央行调控者的相对风险厌恶系数为正值基本不变，则美元（相对于人民币）汇率风险溢价 $rp_{US/CH}$ 应为负值，并且可得到如下结论：第一，若 $(\delta_{US}^2 + \delta_{CH}^2 - 2\delta_{US\_CH} + \gamma_{CH}^2)$ 基本稳定，则央行资产负债表中美元资产占比 w 下降，对应于 $rp_{US/CH}$ 的绝对值应变小。第二，若 $rp_{US/CH}$ 基本稳定，则货币当局资产负债表中美元资产占比下降，对应于人民币汇率、美元汇率波动性降低及人民币流动性风险降低。这意味着保持人民币汇率在均衡水平、合理区间基本稳定有助于人民币国际化和资本项目可兑换。

四、宏观条件：资本项目可兑换下汇率区间

在人民币汇率失调的情况下，伴随人民币汇率双向波动、弹性增强，人民币汇率单边升值预期被打破，将出现人民币汇率预期逆转，进而中国外汇市场美元需求将会增加。如图 5－2 所示，这将意味着美元需求曲线将向右移动。在资本项目可兑换及国外量化宽松货币政策条件下，美元供给曲线也将向右平移，从而人民币兑美元均衡汇率由点 1 移至点 2 再移至点 3。在此过程中，人民币均衡汇率动态表现为先升值而后出现阶段性贬值进而再继续升值，最终均衡汇率在图 5－2 中趋近于点 3，并维持在初始均衡点 1 相近的水平上。

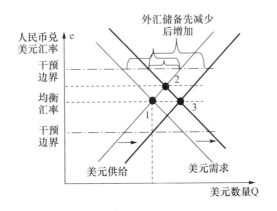

图 5－2　本外币政策协调与均衡汇率动态（Ⅰ）

在此过程中，中国外汇储备先减少而后增加。在外汇市场美元需求增加条件下，要实现无货币危机冲击下中国外汇储备降低（央行持有美元资产比重下降），需要本外币政策协调，以保障中国外汇市场上美元供给基本稳定。但是，这在国外美元供给持续增加、人民币资本项目开放条件下，本外币政策协调难度较大。由此，得到命题 1。

命题1：在人民币国际化初期，特别是国外实施量化宽松货币政策下，如果本外币政策协调性不强，人民币资本项目应审慎开放。

参见图5-3，如果本外币政策相互协调，且能够实现国内外汇市场上美元供给基本稳定，从而美元供给曲线不动，那么伴随美元需求曲线向右平移，人民币兑美元均衡汇率将会（贬值）由点1移至点2。在此过程中，中国外汇储备会降低，人民币均衡汇率动态表现为先升值而后贬值。在此基础上，可得到命题2。

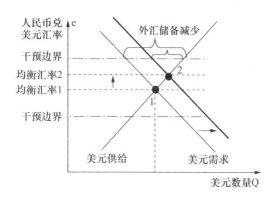

图5-3　本外币政策协调与均衡汇率动态（Ⅱ）

命题2：在美元量化宽松货币政策冲击下，需要发挥外汇储备（相对广义货币）"资产池"对国际资本流动缓冲疏导，伴随人民币兑美元汇率适度贬值，本外币政策协调压力得以释放。

第三节　实证研究

一、变量选取与初步的数据分析

根据上文人民币均衡汇率分析，结合式（5-6），人民币兑美元均衡名义汇率与即期汇率预期形成因素负相关，与外汇储备 R 与中国广义货币 M 之比负相关，以及命题 1 至命题 2，进行变量选取：

第一，对于人民币汇率预期，在短期引入反映汇率预期的代理变量，人民币兑美元无本金交割远期汇率 NDF（直接标价法）。相对于人民币兑美元即期汇率 e（直接标价法），NDF 与 e 之比为 $\rho = NDF/e$，进而结合人民币基准利率（存款利率 i_ CH）和美元基准利率（联邦基金利率 i_ US），可得到人民币与美元之间的预期风险溢价 $rp = i\_ US - i\_ CH + \rho$。

第二，从长期而言，考虑美中两国劳动生产率变化。在实体经济层面，引入消费者价格指数 CPI 与生产者价格指数 PPI 之比，作为国内的相对生产率差异指数近似替代，进而考虑中国对美国的相对生产率差异 $BS = \dfrac{CPI\_ CH/PPI\_ CH}{CPI\_ US/PPI\_ US}$。

第三，在货币金融层面，引入中国货币结构因素，即执行价值储藏功能的具有资产性的准货币（M2 − M1）（这部分货币对于居民资产选择行为和购置房产等具有较大影响）和执行交易与支付功能的具有高流动性的狭义货币（M1）之比宏观杠杆 $M21 = (M2 - M1)/M1$，进而分析国内货币金融因素对人民币汇率的影响。

第四，结合前文分析，对于国内货币政策，引入关键变量中国外汇储备 RE（单位：美元）与广义货币供给 M2（单位：人民币）之比 RE_ M2，作为反映中国货币政策有效性的代理变量。考虑国外货币金融因素对人民币汇率的影响，引入美元供给流动性（美元狭义货币供给与广义货币供给之比）M12_ US 作为外生冲击变量。对于汇率政策，引入人民币实际有效汇率指数（REER）（以 2005 年为基期，间接标价法并采用消费者价格指数平减）作为人民币汇率政策代理变量。

所有数据的样本跨度为 2000 年第一季度至 2012 年第一季度，共包含 49 个季度样本点。除 NDF 汇率值来源于 Bloomberg 网站外，其他数据均取自 IMF 的国际金融统计（IFS），所使用的计量软件是 Eviews 6.0。相关变量趋势如图 5 − 4 至图 5 − 5 所示。

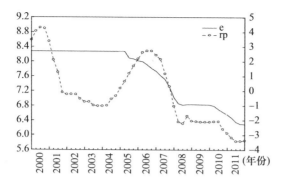

图 5 - 4　名义汇率 e 与相对风险溢价 rp

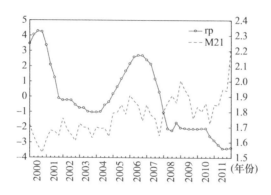

图 5 - 5　宏观杠杆 M21 与相对风险溢价 rp

二、单整与协整分析

　　协整揭示了变量之间的一种长期稳定的均衡关系，是均衡关系在统计上的表述。通过检验经济时间序列之间是否存在协整关系，来判断对应变量之间是否存在经济意义上的"均衡"关系。在分析经济变量之间是否存在协整关系之前，首先要检验变量的平稳性。由各时间序列的单位根检验结果可以看出（参见表 5 - 1），所有序列均为一阶单整序列 I（1）。

表 5 - 1　各时间序列的单位根检验结果

变量名称	检验形式 （c, t, k）	ADF 检验 统计量	5% 水平 临界值	变量名称	检验形式 （c, t, k）	ADF 检验 统计量	5% 水平 临界值
e	（c, 0, 1）	0.050287	-2.925169	△e	（c, 0, 0）	-3.013136*	-2.925169
rp	（c, 0, 1）	-2.748884	-2.925169	△rp	（c, 0, 0）	-3.060143*	-2.925169
BS	（c, 0, 2）	-0.099260	-2.926622	△BS	（c, 0, 1）	-5.388688*	-2.926622
M21	（c, 0, 10）	0.302861	-2.941145	△M21	（c, 0, 10）	-4.376870*	-2.943427
RE_ M2	（c, 0, 1）	-1.582306	-2.925169	△RE_ M2	（c, 0, 0）	-4.424597*	-2.925169
M12_ US	（c, 0, 3）	-1.172796	-2.928142	△M12_ US	（c, t, 0）	-6.847290*	-3.508508
REER	（c, 0, 1）	-0.802993	-2.925169	△REER	（c, 0, 0）	-4.416897*	-2.925169

注：检验形式中的 c 和 t 表示带有常数项和趋势项，k 表示滞后阶数，△表示一阶差分，* 表示 5% 显著水平下显著不为零，下同。

选取时间序列 e 作为被解释变量，与 rp、BS、M21、RE_ M2、M12_ US 和 REER 进行 E - G 两步法协整检验。第一步，经过静态回归得到模型 1（参见表 5 - 2）。第二步，对模型 1 静态回归的残差进行单位根检验，其残差序列形式为（c, 0, 0），ADF 统计量为 -3.599827，绝对值大于 5% 水平临界值 -2.923780 的绝对值，检验结果表明残差序列均不存在单位根，为平稳序列。因此，上述变量之间存在长期均衡的协整关系。

表 5 - 2　协整检验

变量	协整检验（模型 1）		协整检验（模型 2）		协整检验（模型 3）		协整检验（模型 4）	
	系数	T 检验值	系数	T 检验值	系数	T 检验值	系数	T 检验值
C	14.63300	34.26167	14.25244	38.46894	14.53128	42.81132	14.79155	46.43479
rp	0.019972	2.238459	0.014423	1.702608				
BS	-0.913668	-1.688305						
M21	0.345758	2.173247	0.311954	1.935283	0.309601	1.880606		
RE_ M2	-49.91824	-12.26066	-55.07116	-20.01145	-56.73160	-21.58464	-53.77053	-5.126169
M12_ US	-7.404141	-4.945945	-7.909462	-5.279968	-8.375754	-5.568209	-7.685958	-17.21886
REER	-0.034430	-13.92825	-0.036490	-16.62056	-0.037706	-17.78188	-0.037120	-15.73898
R²	0.986488		0.985571		0.984598		0.983360	

续表

变量	协整检验（模型1）		协整检验（模型2）		协整检验（模型3）		协整检验（模型4）	
	系数	T检验值	系数	T检验值	系数	T检验值	系数	T检验值
D. W.	0.863325		0.925378		0.936135		0.778589	
残差序列平稳性检验								
序列形式	$(c, 0, 0)$		$(c, 0, 0)$		$(c, 0, 0)$		$(c, 0, 0)$	
ADF统计量	-3.599827*		-3.668268*		-3.652027*		-3.331006*	
5%临界值	-2.923780		-2.923780		-2.923780		-2.923780	
是否协整	是		是		是		是	

由表5-2可知，在模型1中，与其他变量相比，中美生产率差异BS显著相对弱一些。将BS剔除后，再次进行协整检验，e作为被解释变量，与rp、M21、RE_M2、M12_US和REER静态回归得到模型2。如表5-2所示，模型2静态回归的残差序列为平稳序列，上述变量之间存在长期均衡的协整关系。对于剔除BS的模型2，除了美元相对人民币风险溢价rp以外，其他变量均较为显著。将rp剔除后，重新进行协整检验。参见表5-2，模型3静态回归的残差序列为平稳序列。因此，e与M21、RE_M2、M12_US和REER之间存在长期均衡的协整关系。对于模型3，所有变量均较为显著，把T检验统计值不超过2的变量M21剔除后，进行协整检验，e作为被解释变量，与RE_M2、M12_US和REER静态回归得到模型4。如表5-2所示，模型4中所有变量均十分显著，且变量之间存在长期均衡的协整关系。

在从模型1到模型4的过程中，尽管逐渐进行解释变量剔除，但各变量的回归系数变化并不大，人民币兑美元即期汇率虽然与预期形成相关因素rp、BS和M21有关，但本外币政策的影响更为显著。从长期均衡来看，结合现实数据，中国外汇储备相对广义货币之比RE_M2增大、美元供给流动性M12_US增加以及人民币实际有效汇率REER升值，将伴随人民币名义汇率升值。对于被剔除变量，中国宏观金融货币杠杆M21提升，将伴随人民币名义汇率贬值压力；美元相对于人民币的风险溢价下降，中国相对于美国生产率BS提升将伴随人民币名义汇率升值。

三、人民币汇率相对均衡汇率波动及本外币政策协调性测算

在协整分析的基础上，进一步进行人民币均衡名义汇率的测算。基本思路是将各解释变量进行 HP 滤波，将其代入相应模型的协整方程，结合协整方程模型回归所得到的解释变量回归系数，对应相乘，进而得到人民币均衡名义汇率 s。对于汇率失调，定义 MIS = (e - s)/s。参见表 5 - 3，选取模型 1 与模型 4，虽然协整方程不同，但是所得到的人民币均衡名义汇率基本相似，汇率失调幅度均在（- 6%，4%）区间以内。结合图 5 - 6 和图 5 - 7，不难发现在样本期间内，人民币名义汇率在非对称边界（上边界为 s + 0.36，下边界为 s - 0.25）内围绕均衡名义汇率上下波动，并呈现名义汇率升值趋势。对于汇率失调，在2003 年至 2007 年期间存在不超过 4% 的汇率低估，在 2007 年至 2009年期间存在不超过 - 6% 的汇率低估，2009 年至 2012 年期间失调程度很低，表明近期人民币名义汇率的确非常靠近均衡汇率。

表 5 - 3　人民币均衡名义汇率及汇率区间测算

	模型 1	模型 4
协整方程	$e = 14.6330 + 0.01997rp - 0.9137BS + 0.3458M21 - 49.9182RE\_M2 - 7.4041M12\_US - 0.0344REER$	$e = 14.7916 - 53.7705RE\_M2 - 7.6860M12\_US - 0.0371REER$
人民币汇率、均衡汇率与波动区间	图 5 - 6　人民币均衡汇率 s1 及波动区间	图 5 - 7　人民币均衡汇率 s4 及波动区间

对于中国本外币政策协调性，根据前文本外币政策协调宏观经济

条件分析，人民币与美元之间的预期风险溢价 rp 不断降低，不利于本外币政策协调性提升；人民币兑美元名义汇率（相对于均衡汇率波动）的标准差波动 sd 相对较小，有利于提高本外币政策协调性。在 2000 年至 2003 年期间以及 2009 年至 2012 年期间，rp 降低，实际上不利于本外币政策协调，但是 sd 下降，却又有利于本外币政策协调。从整体上看，中国货币政策与汇率政策协调性究竟如何？可通过建立反映本外币政策协调的指标 ME = rp/sd 进行量化判断。选取模型 4，在模型 4 基础上，结合假设 4（在无货币危机冲击下央行资产外化程度降低，w 下降意味着本外币政策协调性提升）和公式（5－15），在其他条件不变的情况下，可简化定义本外币政策协调性指标为 ME = rp/sd。根据以上分析，ME 与本外币政策协调性正相关，即 ME 越小本外币政策协调性越差，本外币政策冲突越大。对于模型 4，本外币政策协调的指标可表示为 ME4 = rp/sd4，参见图 5－8，在 2003 年、2009 年末期、2011 年及 2012 年初期，ME4 出现尖点，且后者所表示的中国货币政策与汇率政策的不协调问题较为严重，这与当时的国内外大环境下中国经济的处境密切相关。

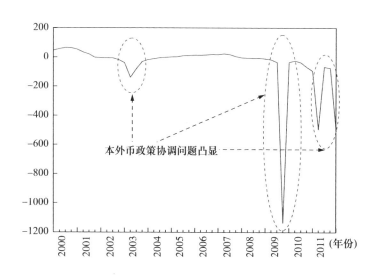

图 5－8　本外币政策协调性的指示指标（ME4 = rp/sd4）

第一，2002 年至 2003 年的本外币政策不协调主要是内外均衡矛盾冲突的反映。在国内，为缓解增大的就业压力，实现经济运行增长速度平稳，要求稳定的财政金融政策和稳定的汇率；这与涉外经济往来，国际资本大量流入，外汇储备迅速增加所要求的人民币汇率升值之间存在"失业/顺差"组合下较为严重的内外均衡矛盾冲突。伴随 2003 年人民币汇率开始出现升值压力，经济快速增长，直到本次国际金融危机爆发前，中国经济实际上是在维持内部均衡而不得不牺牲外部平衡的运行过程。而在持续的贸易收支顺差与国外资本流入所催生的人民币汇率升值预期并形成正反馈效应下，外部不平衡又反过来影响制约内部均衡实现。在 2005 年人民币汇率改革以及中国外汇管理改革推动下，本外币政策协调性问题一定程度上得到缓解。结合图 5 - 6 和图 5 - 7，在此期间，人民币兑美元汇率存在一定程度的低估（小于 4%）。2008 年美国金融危机全球蔓延，中国经济受到影响出现回落，与 2002 年至 2003 年相类似的内外均衡冲突问题再次显现，人民币兑美元汇率在这一时期存在一定的高估（小于 6%）。

第二，2009 年以后，中国本外币政策协调压力再次凸显并且显著提升，首当其冲的是美国的量化宽松货币政策冲击。国际金融危机爆发后，在美国的低利率政策和量化宽松货币政策冲击下，伴随美元流动性 M12_ US 扩张，美元相对于人民币的预期收益 $rp_{US/CH}$ 降低，加之人民币汇率波动加大，结合前文分析，进而本外币政策协调问题的压力提升（见图 5 - 8 所示）。2010 年在国内财政政策刺激下，中国经济重新回到斯旺模型"通胀/顺差"组合的象限中，2011 年至 2012 年初在货币政策调控下通胀有所回落，但在美国持续的量化宽松货币政策冲击下，国内仍存在通胀压力。尽管外部失衡不平衡有所改善，人民币汇率升值调整下单边升值预期被打破，但是伴随国内经济运行增长速度放缓，保持币值稳定与促进经济增长的货币政策子目标之间的政策协调压力增大。

第四节 结论与政策建议

一、主要结论

本章从外汇市场均衡名义汇率入手，主要说明两大问题：第一，量化测算近期人民币汇率的确已接近均衡；第二，量化测算本外币政策失调的时期尖点及失调性大小。将外汇市场细分为央行及其他一般微观行为主体，从微观行为刻画得到外汇市场供求下的宏观条件，结合理论模型的推导与结论进行变量选取，以人民币对美元即期汇率为被解释变量，解释变量主要是：①形成人民币兑美元即期汇率预期的相关因素（主要考虑人民币与美元之间的相对风险溢价 rp、反映实体经济层面的中美 CPI/PPI 对比、反映货币金融层面的中国的准货币与狭义货币之比）；②外汇储备/M2（从理论模型推导中得到）；③政策因素（反映美国货币政策美元冲击的美元 M1/M2、反映人民币汇率政策的人民币 REER）。通过协整分析，建立长期均衡关系，进而得到人民币均衡名义汇率，比较现实汇率（e）相对于均衡汇率（s）的汇率失调（MIS）及汇率波动标准差 sd；结合理论模型中关于中国央行本外币资产配置行为，以央行资产负债表外化下本外币政策协调困境现实为基点，反之假设外化程度下降（央行资产配置中美元资产比重下降）为本外币政策协调提升，结合理论模型推演得到的相关命题：

命题 1：本外币政策协调性体现为中国央行持有美元资产比重的降低，即通过货币政策与汇率政策相互协调，实现无货币危机冲击下外汇储备下降和本币资产增加；进而实现中国外汇市场中美元供给的基本稳定。

命题 2：在人民币国际化初期，特别是美元持续量化宽松货币政策下，就提升本外币政策协调性而言，人民币资本项目应审慎开放。

命题 3：美元量化宽松货币政策冲击下，需要外汇储备（相对于广义货币)"资产池"对国际资本流动缓冲疏导,伴随人民币兑美元汇率适度贬值,本外币政策协调压力得以释放。

以人民币与美元之间的相对风险溢价与汇率波动标准差 rp/sd 作为中国本外币政策协调性的测算指标,发现 2003 年、2009 年末、2011年和 2012 年初,本外币政策协调较为迫切。至于具体原因,初步将其归为两类:一是以 2003 年为代表的内外均衡冲突下本外币政策协调压力增大;二是后金融危机时代美国量化宽松货币政策冲击下中国货币政策目标子目标(保持币值稳定与实现经济增长之间)的冲突下本外币政策协调压力,并且后者要比前者失调性更为严重。

二、政策含义

随着人民币的国际地位不断提升,客观上中国货币政策外溢性加大;在全球汇率博弈下,我国货币政策的外部影响及内外互动机制更为复杂,货币政策与汇率政策相协调的重要性进一步凸显。当前我国货币政策与汇率政策的确存在不协调的问题。表现为央行资产负债表资产方外汇储备超过 80%;央行冲销"被动发钞"外汇政策成本巨大且不可持续;在利率、汇率和资本回报率三因素相互作用下,货币政策陷入不断的"自我循环",灵活性和有效性受到严重制约,这种状况亟须改善。因此,思考如何稳步推进我国货币政策与汇率政策相协调是积极主动地应对货币政策自主性和有效性所受严峻挑战的需要。

第一,以保持币值稳定为基点,提高政策灵活性与针对性。以保持币值稳定作为开放货币政策协调的基本出发点,通过执行稳健货币政策,实现中国物价水平的有效调控,提高政策灵活性、针对性和前瞻性,为最终中国实体经济的转型提供必要的时间和稳定的金融环境。对国内通胀的压力和对国际上输入性的通胀风险,仍然要保持高度的敏感,应根据经济发展情况相机而动,实现短期调控政策和长期发展政策有机结合。通过加强我国货币政策与汇率政策协调,完善政策协调,深入推进结构改革,实现各类市场的良好衔接,最终形成以实现内部均衡为主的货币政策,与以实现外部平衡可持续为主的汇率政策协调下的利率市场化与汇率市场化良性互动的局面。

第二，强化央行对货币币值预期的引导，树立政策调整的规则形象。无论是人民币国际化的推进还是名义汇率水平调整，至关重要的一个因素就是人民币资产需求方的真实需求的启动与增长是否具有可持续性，这与人民币的币值基础和币值预期密切相关。应积极树立政策调整的规则形象，增强中央银行信誉。积极发挥汇率与利率的经济杠杆调控功能，使名义利率逐渐靠近市场中的自然利率，以减少名义利率调整对实际利率的扭曲，使名义汇率向均衡汇率收敛，以调整汇率错位所导致的偏离。通过提高名义控制变量变化的可预测性，促进市场一致预期的形成，为中央银行在货币市场与外汇市场的后续调控创造政策空间。

第三，保持人民币汇率动态稳定，加快汇率机制平衡转轨。人民币逐渐国际化后，中国资本项目逐步开放，"三元悖论"问题将更加突出。实现汇率的动态稳定，将减少政策成本，并能建立外部冲击与国内经济间的缓冲带，有利于中国开放条件下的金融稳定，较好地保持货币政策的独立性。具体而言，这种汇率的动态稳定，应将预期影响下的汇率短期小幅波动与经济基本面下的长期稳定诉求结合起来。人民币兑美元汇率水平应基本维持在考虑国内外货币政策松紧程度、货币结构因素以及反映中美劳动生产率差异的均衡区间内。利用汇率的动态稳定，在不放弃货币政策自主性的条件下，人民币汇率制度由有管理的浮动汇率制向更加灵活的弹性汇率制演进将是较为理想的选择，这将有利于人民币的进一步国际化。

第四，货币政策与汇率政策协调过程中需要把握好资本项目自由化推进节点，要与利率市场化和汇率形成机制改革相匹配，与人民币国际化相适应。在对外金融战略上，统筹调整国家资产负债表的对外资产方（主要涉及人民币汇率形成机制改革、外汇储备管理体系改革、资本流出管理改革和推进对外直接投资）和国家资产负债表的负债方（主要是人民币国际化和资本流入管理）。在利率和人民币汇率还不能根据市场供求关系迅速调整情况下，资本项目管制仍然是保证中国金融稳定的最后防火墙，仍需要保持对资本流出、流入的规模控制资本项目管理作为货币汇率制度的一种补充。

第五，为摆脱"美元陷阱"，加快人民币国际化，稳步推进资本项目开放，需要促进"央行调控者"与"微观交易者"的信息交流与行为贯通。伴随人民币资本项目不断开放，在人民币对外"走出去"和非居民"走进来"（可部分持有人民币资产）过程中，需要从源头上改变此前外汇储备积累伴随央行人民币投放，以及非居民不能进入人民币资产市场的格局。

为此，在中国境内逐步形成具有一定规模的离岸金融市场，特别是实现如下业务交易，将有助于从源头上降低外汇储备的累积。可能的措施具体如下：①国内居民可将所持有的人民币外汇（如出口收汇），通过银行离岸金融账户直接购买非居民发行的以外币（美元、欧元等）计值的外国债券（或股票），从而分享国外的非居民经营利润和相对较高的收益。②国外非居民既可以将其外币（美元、欧元等）通过银行离岸金融账户直接提供给市场中的国内外汇需求者（如进口付汇）兑换获得人民币，双方进行汇兑议价，促进反映外汇供求的市场汇率形成；也可以将所获得的美元（或欧元等）汇回其国内，实现利润汇回。③持有人民币的非居民可通过银行离岸金融账户直接购买国内居民发行的以人民币计值的"熊猫债券"（或人民币股票），投资中国，分享中国的快速增长。在人民币汇率存在升值预期下，上述业务交易都比较易于实现。从积极方面而言，这不但有助于提升微观经济主体的货币选择和资产配置空间多样化和风险分散化；而且在实现相互联系有机运行及通过银行离岸金融账户稳妥管理下，也有助于逐渐破除中国外汇储备"美元陷阱"的桎梏。

第六章 实际汇率内生性初探：
外生假定下的升值判断

第一节 引言与文献综述

    党的十八届三中全会明确提出，要完善人民币汇率市场化形成机制。在宏观层面，完善人民币汇率市场化形成机制改革对国际收支趋向平衡发挥相应作用，有助于全球资源的优化配置；在微观层面，伴随人民币汇率逐步趋向合理均衡水平，其浮动能促进企业提高技术水平和核心竞争力，增强实体经济应对外部变化的弹性。但是，限于市场主体缺乏和买卖双方实力悬殊，外汇市场供求双方交易意愿和真实交易成本难以直接体现，给人民币与美元之间合理汇价的形成带来了困扰。如何做好准备，进一步明确合理的汇率水平和汇率波幅的确定及依据，尽快形成趋向汇率合理区间并促进经济内涵式发展的汇率形成机制，具有非常重要的战略意义。

    在新常态下人民币汇率开始呈现"双向波动"的新动态。2014 年第一季度人民币对美元汇率改变了近年来单边升值态势，出现连续性贬值。对此，美国予以高度关注，曾对我国是否有决心让市场决定人民币估值表示担忧①。人民币汇率"进退有序"是否表明已接近均衡水平？近期人民币对美元贬值是否意味着人民币名义升值已接近价值底线？对此，人民币汇率的升值空间还有多少？中国经济在宏微观上所能承受人民币汇率升值的底线究竟为何？这些已成为需要慎重考虑的重要问题。

一、汇率水平的规范评估

国外标准常规的汇率评估，大多以市场完备、经济结构稳定为前提，关注的是"规范的"（normative）汇率。那么，如何测度与一国经济相适应的"规范的"汇率水平？短期视角下，均衡汇率是集结所有可得信息的市场均衡，如资本自由流动下的资产市场说。长期视角下，主要是基于购买力平价（PPP）理论，但由于其在实证检验中并不理想，因此需要进行拓展分析，包括巴拉萨—萨缪尔森效应和宾大效应（B－S效应和Penn效应）。在国内，基于"Penn效应"的拓展型购买力平价方法，实证结果并不认同国外关于人民币被严重低估的看法。

在人民币均衡汇率研究方面，国外主要探讨的是中长期概念，关注的是购买力平价拓展或内外均衡的实际汇率，主要采用了单方程或面板分析。但在均衡汇率模型采用、模型技术参数、解释变量的界定和样本区间等发生变化时，均衡汇率的估计都可能发生改变。国外的估计结果在人民币被低估49%到被高估36%范围内较为分散。对于人民币对美元的购买力平价汇率，在进行中美比较时，以此获得均衡实际汇率实际上要困难许多。综合以上分析，目前如何构建适当的人民币汇率评估模型尚未达成共识。

二、均衡汇率的简化测度

对于汇率失衡，IMF的定义是现行实际有效汇率剔除周期性和短

---

① 参见2014年4月美国财政部向国会提交的半年度《国际经济与汇率政策报告》，2014年2月中旬至2014年3月中旬，人民币对美元汇率下跌2.6%，美国对人民币这一阶段"史无前例"的下跌表示不安。

期因素以后，显著和持续偏离与可持续宏观经济基本面相一致的中期均衡水平。在内外均衡视角下，结合实际汇率分解的可贸易品相对价格和不可贸易品相对价格两大部分，分别对应于一国净国外资产头寸和巴拉萨—萨缪尔森效应，进而"存量—流量"均衡条件下的合意汇率分析成为后续研究的重要方向之一。对此，在国内，秦朵、何新华对人民币均衡实际汇率进行了面板分析，结果表明，近期人民币实际汇率不存在低估。

为了简化均衡汇率的测度，使汇率估算更具操作性，借助协整理论，通过分析度量变量之间存在的长期稳定关系，成为均衡汇率研究普遍采用的方法之一。其中，具有代表性的是行为均衡汇率（BEER），目前已较成体系，包括标准的行为均衡汇率（BEER）、持久均衡汇率（PEER）、均衡实际汇率（ERER）、高盛动态平衡汇率（GSDEER）等。定义实现经济体内所有市场主体存量均衡，进而由长期基本经济要素的协整关系对应均衡汇率水平，$\overline{q}_t = \beta' \overline{Z}_t$，其中，$\overline{q}_t$为实际汇率长期均衡值，$\overline{Z}_t$为中长期经济基本面的长期均衡向量。基于 BEER 模型，谷宇等突出了国内外实际利差引入，肖红叶等进一步提出了以实际汇率为被解释变量，以汇率决定要素为解释变量，对被解释变量和解释变量同时滤波，得到相应的长期趋势，利用各长期趋势建立协整模型，直接估算均衡汇率的新方法，分别进行了 BEER 模型和分析技术改造。上述分析对于本章研究是具有启发意义的。

三、汇率升值的路径观察

对于人民币汇率升值，Ma 和 McCauley 研究发现自 2006 年中期至 2008 年中期，人民币对相关贸易伙伴国的一篮子货币有效汇率升值，并且在年爬行带正负 2% 窄幅区间内浮动。对于人民币汇率有管理浮动，Obstfeld 建议建立汇率区间以允许人民币对美元的初始升值，必要时在区间管理货币篮汇率，并在国内外汇市场发展的情况下放大区间，在可能情况下，允许在区间内实行趋势爬行（trend crawl），以适应由于 B-S 效应的结构变化所导致的长期实际汇率变化。

在实际汇率层面，国内代表性研究是"周小川—谢平猜测"，即在贸易体制转型过程中，需要本币定值先低再回升并爬高的过程，而货币逐步升值是国内生产能力绝大多数既能满足国内市场，又能满足国际市场的阶段。对于"周小川—谢平猜测"，卢锋进行了解读，指出汇率"先贬"是对购买力平价的偏离或修正，暗含强调我国与其他发展中国家开放前大体依据购买力平价确定汇率，而"后升"则可以看作是巴拉萨—萨缪尔森效应假说的具体应用。在名义汇率层面，基于内外均衡分析，姜波克提出了"升值强国论"，基本政策为人民币币值经常被低估、不断升值的"长低短高"的"点刹车论"。在弹性价格货币分析框架下，金雪军、王义中以货币供应量为控制变量，发现当产出的汇率预期弹性大于产出的利率弹性时，稳定增加货币供给量，汇率升值最优路径为"先贬后升"；基于动态分析框架，王义中、金雪军运用最优停时方法求解人民币汇率的最优升值空间，结果为10%左右。

总之，国内外对人民币汇率升值及其路径已有系统论述，但是对人民币汇率升值空间和升值底线的探讨并不多见。国际金融危机后，人民币对一篮子货币快速升值，引发了对汇率高估的担忧：人民币汇率是否被高估的风险在不断累积，可能会带来严重不利的后果。对此，如何进行合理研判，并进一步优化政策空间，成为本章分析的重要落脚点。

第二节 事实观察与概念模型提出

根据 IMF（2012）《汇兑安排和汇兑限制年报》（AREAER）定义，目前中国的汇率体制为"准爬行盯住"（crawling like arrangement），而与汇率安排相对应的货币政策框架为货币总量锚（monetary aggregate anchor）。结合人民币对美元汇率及人民币实际有效汇率的走势和变化率来看，参见图 6-1 和图 6-2（在间接标价法下），两者呈现同方向相似变动。这意味着：第一，美元在人民币汇率的一篮子货币中仍居于主导地位。第二，购买力平价不能简单用于人民币对美元均衡汇率的估值定价。因为根据购买力平价，当名义汇率变动时，实际汇率不应发生变化，名义汇率只应由于国内外相对价格的变化而变化。但是人民币名义汇率与实际有效汇率大致同方向变动，这表明购买力平价对于样本期间内人民币对美元汇率并不适用。[①] 第三，人民币对美元名义汇率与实际有效汇率存在某种关联。对此，将外部实际汇率的定义式变形，进而实际汇率作为决定名义汇率的另一个因素，可用以说明可能出现的购买力平价偏离。[②]

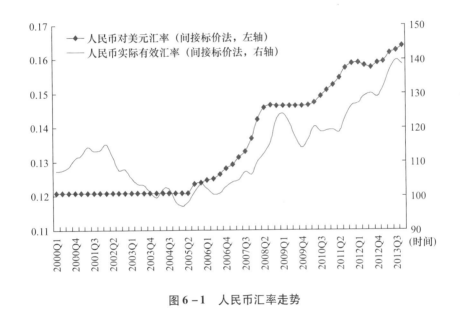

图6-1 人民币汇率走势

资料来源：CEIC。

作为开放经济国内外的重要相对价格，汇率的名义升值意味着不同货币相互兑换比价改变，实际升值则进一步与国内外价格体系相关联。在货币层面，开放经济总供求变化所对应的汇兑变化，受到国内

---

① 鲁迪格·多恩布什、斯坦利·费希尔、里查德·斯塔兹：《宏观经济学（第十版）》，王志伟译校，中国人民大学出版社2010年版。

② 保罗·R. 克鲁格曼、茅瑞斯·奥布斯特费尔德：《国际经济学：理论与政策（第八版）》，中国人民大学出版社2011年版。

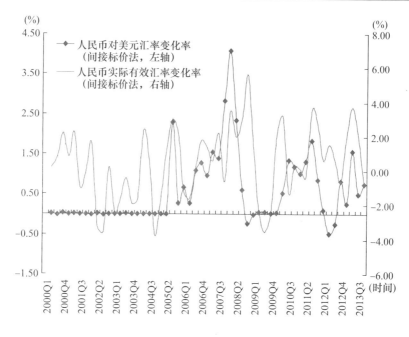

图6-2　人民币汇率变化率

资料来源：CEIC。

外货币化因素的影响，名义汇率尽管理论上存在超调（overshooting），但短期内相对于金融市场价格波动仍然较小；实际汇率尽管价值判断总量表达与货币度量理论上将回归购买力平价，但长期内相对于通胀变化却较为显著。在价格层面，对外经济交往商品篮子的可贸易品与不可贸易品构成配比决定了内部实际汇率，而整体价格调整后的汇兑度量形成了外部实际汇率。

　　对于汇率定价，名义动态的内在机理是市场供求下无套利均衡，实际动态的内在机理是国内外价格背后工资及劳动生产率差异调整。进而对于长期均衡汇率水平，定价基础是：第一，货币购买力问题，理论依据是购买力平价；第二，价格背后的劳动生产率问题，理论依据是巴拉萨—萨缪尔森效应。① 具体而言，以购买力平价条件度量均衡汇率，其前提是价格水平实质性差异因素最小化，这意味着国内外经

----

① 王义中、金雪军：《人民币汇率定价机制研究：波动、失衡与升值》，浙江大学出版社2012年版。

济体基本相似，对应于后发国家与先行国家之间劳动生产率差异缩小，直至后发国家在 B－S 效应下实际汇率升值的终结。

因此，购买力平价条件确定的是汇兑价值评估的长期边界。而市场供求所要求的现实汇率之所以会通常偏离 PPP 条件（我们称之为第一重偏离），正是基于购买力平价的长期均衡汇率作为货币升值底线的反映。对于发展中国家的汇率评估，使用 PPP 衡量的是长期均衡下本币汇率的整体低估情况。进一步纳入国内外的可贸易品与不可贸易品相对生产率差异，实际汇率可以是相对于 PPP 条件的均衡低估（我们称之为第二重偏离），即使不满足 PPP，但仍可实现劳动生产率水平意义上的均衡。

对于经历较高经济增长的后发国家，伴随国内相对劳动生产率的提升，通常将导致其与他国价格水平相比，国内价格水平上涨，其均衡实际汇率也将系统性升值，表现为经济赶超进程中 B－S 效应下的货币追赶。近年来，中国正在经历这样的加速过程。不仅如此，伴随金融发展和货币化进程，对于人民币升值，需要进一步考虑即期汇率 S（直接标价法，下同）相对于满足购买力平价更为充分的可贸易品市场国际商品套购长期均衡汇率 $\overline{S}$ 是否被低估。从长期均衡意义上而言，PPP 要求最高，$\overline{S}$ 次之，S 程度最低。

第一，PPP 在整体价格水平上并非当然成立。作为长期名义汇率的测度，PPP 是国内外整体价格水平 P 与 P^* 的对比，即 $PPP = \dfrac{P}{P^*}$。正是由于一般物价水平系指一国全部商品和劳务的总价格水平，难以准确测算，因而可操作性低成为影响绝对购买力平价应用的重大缺陷。特别是在短期，名义即期汇率常偏离，即 $S \neq PPP$，其中，重要因素是不可贸易品部门。

第二，尽管国内外可贸易品定价满足绝对购买力平价更为充分，但是也并非当然成立。令国内外可贸易品的价格为 P_T 和 P_T^*，则 $\overline{S} = \dfrac{P_T}{P_T^*}$，并且在短期内允许 $\overline{S} \neq S$。其中，$\overline{S}$ 为可贸易品市场国际商品套购长期均衡汇率。

第三，对于 B – S 效应和经济赶超下的升值过程，可贸易品市场国际商品套购长期均衡汇率 $\overline{S}$ 实际上构成了汇率升值所达到合理均衡水平上基本稳定的长期价值区域的上半部分。结合 B – S 效应，可以证明，在直接标价法下，$\overline{S}$ > PPP，因此，$\overline{S}$ 数值越小则越接近 PPP，从而可通过求解 min（$\overline{S}$）间接近似逼近本币汇率的升值底线。

第三节　理论模型

模型基本假设如下：

假设 1：绝对购买力平价在可贸易部门成立，国内外居民消费商品的篮子构成基本相同。

假设 2：与可贸易品部门相比，国内外不可贸易品部门的劳动生产率呈比例关系。

假设 3：市场主体在"学习"中对实际汇率的预期由初始的回归性预期渐变为理性预期。

一、引入预期的初始条件分析

根据假设 1，外部实际汇率 Q 定义式可分解为：

$$Q = \frac{SP^*}{P} = \frac{S(P_T^*)^{\gamma}(P_N^*)^{1-\gamma}}{(P_T)^{\gamma}(P_N)^{1-\gamma}} = \left(\frac{S}{\overline{S}}\right)\left(\frac{\overline{S}P_N^*}{P_N}\right)^{1-\gamma} \tag{6-1}$$

其中，可贸易品占比 γ，不可贸易品占比（$1-\gamma$），不可贸易品定价 P_N 和 P_N^* 由各自国内市场决定。在竞争性的市场经济中，劳动的边际产品 MPL（即劳动生产率 A）等于实际工资 W/P，即 A = MPL = W/P。结合 B – S 效应，国外与国内相比，可贸易品部门劳动生产率较高，不可贸易品部门的劳动生产率没有差异；在各国内部工资均等化的作用下，国内外不可贸易品部门的工资价格关系为 $P_N = \dfrac{W}{A_N}$，$P_N^* =$

$\dfrac{W^*}{A_N^*}$。根据假设 2，国内外不可贸易品部门劳动生产率呈比例关系，

$\delta = \dfrac{A_N^*}{A_N}$；根据假设 3，市场主体的预期为回归性预期，将实际汇率预期

变化率 $(\Delta q)^e$ 表示为 $(\Delta q)^e = -\theta \dfrac{S - \overline{S}}{\overline{S}}$。[1] 其中，$\theta$ 是市场主体预期

实际汇率向均衡回归的速度。在初始条件下，若资本自由流动，非抛
补利率平价成立。中短期内预期实际汇率变化率 $(\Delta q)^e = r - r^*$。其
中，$r = i - (\Delta p)^e$ 和 $r^* = i^* - (\Delta p^*)^e$ 为名义利率经过通胀预期调整
后（即费雪效应）得到国内外的事前实际利率。在此基础上，通过变
量代入和替换，式（6 – 1）可进一步表示为：

$$Q = \left(1 + \frac{r^* - r}{\theta}\right)\left(\frac{\overline{S} W^*}{\delta W}\right)^{1 - \gamma} \tag{6 – 2}$$

二、货币化因素引入与基于中国现实的模型修正

结合产出 Y 的简化表达 Y = MPL × L，厂商利润最大化条件 MPL =
W/P 以及费雪方程 MV = PY，进一步可以得到 A = Y/L = MPL = W/P，
W = PY/L = MV/L = （M/Y）（AV）。其中，M/Y 为货币化程度，劳动
生产率 A = Y/L = MPL，货币流通速度为 V。在此基础上整理可得：

$$Q = \left(1 + \frac{r^* - r}{\theta}\right)\left(\frac{\overline{S} W^*}{\delta W}\right)^{1 - \gamma} = \left(1 + \frac{r^* - r}{\theta}\right)\left[\frac{\overline{S} \times \left(\dfrac{M^*}{Y^*}\right) \times A^* \times V^*}{\delta\left(\dfrac{M}{Y}\right) \times A \times V}\right]^{1 - \gamma}$$

$$\tag{6 – 3}$$

对式（6 – 3）对数线性化，将实际利率以外的相应变量均以小写
字母表示，令 m = log（M/Y），$m^* = \log(M^*/Y^*)$，当国内外实际利
差（$r^* - r$）在数值上较小，而市场主体预期实际汇率向均衡回归速度
θ 的数值较大时，$\ln\left(1 + \dfrac{r^* - r}{\theta}\right) \approx \dfrac{r^* - r}{\theta}$，在此基础上整理可得：

---

① 相应变量的小写字母表示经过取对数处理，以下同。

$$\bar{s} = \frac{\theta q - (r^* - r)}{\theta(1-\gamma)} - \left[(m^* - m) + (a^* - a) + (v^* - v) - \ln\delta \right]$$

$$(6-4)$$

基于以上分析，考虑微观预期并且满足微观行为最优化，由式（6-4）可得：

结论1：潜含于实际汇率 q 的市场汇率 $\bar{s}$ 的决定因素主要是实际汇率 q、国内外实际利差（$r^* - r$）、国内外货币化差异（$m^* - m$）、国内外劳动生产率差异（$a^* - a$）、国内外货币流通速度差异（$v^* - v$）及先进国家相对后发国之间不可贸易品部门劳动生产率比率 $\ln\delta$。

中国尚未完全实现利率市场化和资本项目可兑换，利率平价在中国成立缺乏条件[①]。在短期，结合非抛补利率平价UIP条件，考虑中短期内风险收益调整后实际汇率的动态变化：$\Delta q^e = r - r^* + \phi$。其中，$\Delta q^e$ 是实际汇率预期值与观测值之差，ϕ 为人民币汇率风险溢价。由于央行是国内最大的市场主体，根据假设3，央行对实际汇率的长期预期值与其设定的目标值相等，即 $q^e = q^T$，从而实际汇率表示为：$q = q^e - (r - r^*) - \phi = q^T - (r - r^*) - \phi$。将其代入式（6-4），保留国内外实际利差，整理得到式（6-5）。

$$\bar{s} = \frac{q^T}{1-\gamma} + \left[\frac{1-\theta}{\theta(1-\gamma)}(r-r^*) - \frac{\phi}{1-\gamma} + (m-m^*) + \ln\delta + (a-a^*) + (v-v^*) \right]$$

$$(6-5)$$

三、货币当局行为刻画：最优汇率动态定标

根据假设3，在央行对实际汇率预期引导下，市场主体在"学习"过程中对实际汇率的预期逐渐与央行预期一致，由回归性预期渐变为理性预期。从而作为实际汇率系统性构成的实际汇率长期预期与均衡实际汇率相等，即 $q^e = \bar{q}$，市场中的实际汇率动态可表示为：$dq = \beta(\bar{q}-q)dt - \alpha(r-\bar{r})dt + \sigma(x, t)dz(t)$。其中，q 是实际汇率的对数表达，$\bar{q}$ 为均衡实际汇率，$\bar{r}$ 为均衡实际利率，α 和 β 为非负常系

---

① 但是，非抛补利率平价 UIP 摩擦系数（ϕ）仍可作为检测汇率升贬值压力的参考，只不过对于市场化程度低的货币，在短期内不具有预测功能。

数。进一步构建实际汇率 q 波动时变模型，设 q 取决于随机变量 x，满足：$dx = f(x, t)dt + g(x, t)dz(t)$。将央行的汇率政策目标函数表示为实际汇率和实际利率目标的加权，进而目标函数为：$\Lambda(q, m) = \frac{\theta}{2}(q - q^T)^2 + \frac{\vartheta}{2}(r - r^T)^2$。其中，$q^T$ 和 r^T 代表实际汇率和实际利率的目标值，θ 和 ϑ 为非负参数，用以测度目标函数中的相对权重。在央行最优动态定标下，目标变量（q^T, r^T）可较为恰当地内生决定，结合既定时间内央行最优外汇干预政策下实际汇率动态路径，央行设定的实际汇率目标值可表示为：$q^T = \bar{q} + \frac{1}{\Omega}\left(\frac{d\bar{q}}{dt} - \sigma(x, t)\frac{dz(t)}{dt}\right)$，即对于央行最优动态定标，目标实际汇率可在均衡实际汇率 $\bar{q}$ 的基础上，结合均衡实际汇率的变动（如 $\bar{q}$ 的标准差）进行测定，移项整理得：

$$q^T - \frac{1}{\Omega}\left(\frac{dz(t)}{dt}\right)\sigma(x, t) = \bar{q} - \frac{1}{\Omega}\frac{d\bar{q}}{dt} \qquad (6-6)$$

结论 2：最优动态定标下，参见式（6-6），采取一一对应的方式，则有 $q^T = \bar{q}$，$\frac{1}{\Omega}\left(\frac{dz(t)}{dt}\right)\sigma(x, t) = \frac{1}{\Omega}\frac{d\bar{q}}{dt}$。令 k 为调整系数 $\left(k = \mp\frac{1}{\Omega}\left(\frac{dz(t)}{dt}\right)\right)$，$\sigma_{SD}$ 对应为基于均衡实际汇率的标准差，则实际汇率管理的合理区间可表示为 $\bar{q} \pm k\sigma_{SD}$。对此，实际汇率管理可通过优化央行实际汇率动态定标来实现。并且结合中心平价汇率的波动离差确定上下边界，可获得实际汇率动态定标的合理区间，该合理区间具有重要的缓冲作用。在人民币国际化初期，对于人民币汇率可能出现的币值"加速波动"，合理区间提供了汇率调整的"斜坡式"缓冲通道，从而为实际汇率升值趋势中人民币国际化和国家竞争力水平提升聚集内生驱动力创造汇率条件。

四、最优汇率动态定标下升值底线求解

在以上分析基础上，将式（6-6）代入式（6-5），进一步整理得到式（6-7）：

$$\bar{s} = \underbrace{\frac{\bar{q} + \frac{1}{\Omega}\left(\frac{d\bar{q}}{dt} - \sigma(x, t)\frac{dz(t)}{dt}\right)}{\theta(1-\gamma)}}_{\text{第I部分}} +$$

$$\underbrace{\left[\frac{1-\theta}{\theta(1-\gamma)}(r-r^*) + (m-m^*) + \ln\delta + (a-a^*) + (v-v^*)\right]}_{\text{第II部分}} \underbrace{\frac{\phi}{1-\gamma}}_{\text{第III部分}}$$

$$(6-7)$$

直接标价法并且资本项目尚未完全可兑换下，$\min(\bar{s})$ 可通过式 (6-8) 按如下方式求解获得。

$$\begin{cases} \frac{1}{\Omega}\left(\frac{d\bar{q}}{dt} - \sigma(x, t)\frac{dz(t)}{dt}\right) \to 0 \\ \left[\frac{1-\theta}{\theta(1-\gamma)}(r-r^*) - \frac{\phi}{1-\gamma} + (m-m^*) + \ln\delta + (a-a^*) + (v-v^*)\right] \sim I(0) \end{cases}$$

$$\Rightarrow \min(\bar{s}) = -\frac{\phi}{1-\gamma} + \overline{r-r^*}(\cdot) + \frac{\bar{q}}{\theta(1-\gamma)} \qquad (6-8)$$

第一，由于仍存在部分资本项目管制，从而 $-\frac{\phi}{1-\gamma} \neq 0$ 作为截距项，对应于资本管制情况。

第二，$\left[\frac{1-\theta}{\theta(1-\gamma)}(r-r^*) + (m-m^*) + \ln\delta + (a-a^*) + (v-v^*)\right] \sim I(0) \Rightarrow \overline{r-r^*}(\cdot) = F(\cdot)$，表示国内外实际利差$(r-r^*)$与国内外货币化差异$(m-m^*)$、国内外不可贸易品部门劳动生产率比率$\ln\delta$、国内外劳动生产率差异$(a-a^*)$、国内外货币流通速度差异$(v-v^*)$存在协整关系，进而均衡实际利差可由上述相关变量函数表达，即$\overline{r-r^*}(\cdot) = F(\cdot)$。

第三，$\frac{1}{\Omega}\left(\frac{d\bar{q}}{dt} - \sigma(x, t)\frac{dz(t)}{dt}\right) \to 0$，表示实际汇率在合理均衡水平上基本稳定。满足上述条件，最优汇率动态定标下汇率升值底线的近似替代可通过式(6-8)近似求解。

结论3：基于长期均衡汇率视角的人民币汇率升值底线的近似替

代 $\min(\bar{s})$，可表示为均衡实际汇率$(\bar{q})$、均衡实际利差的协整表达$\left[\overline{r-r^*(\cdot)}\right]$及带有表示资本账户开放情况的截距项$\left(-\dfrac{\phi}{1-\gamma}\right)$的线性组合，进而$\min(\bar{s})$求解关键在于国内外均衡实际利差和均衡实际汇率评估。

五、市场调节：总供求视角下的均衡实际利差与均衡实际汇率

对于国内外实际利差的均衡决定，可采取总供求框架下两国 AS – IS 模型进行分析。基本思路是：将国内外总需求做差，在资本自由流动条件下，结合利率平价条件消掉实际汇率，进而可得到国内外产出差异的表达式；再将国内外总供给做差，又可以得到国内外产出差异的另一表达式；使国内外总供求的产出差异相等，联立求解可得均衡实际利差。

（国内总供给 AS 曲线） $\qquad y = -\beta_1 q + \beta_2 (\Delta p)^e + \varepsilon$

（国外总供给 AS 曲线） $\qquad y^* = \beta_1 q + \beta_2 (\Delta p^*)^e + \varepsilon^*$

（国内总需求 IS 曲线） $\qquad y = \alpha_1 q - \alpha_2 r + \alpha_3 y^* + \mu$

（国外总需求 IS 曲线） $\qquad y^* = -\alpha_1 q - \alpha_2 r^* + \alpha_3 y + \mu^*$

$$\overline{r-r^*} = \frac{1}{A}\Big\{\beta_2(1+\alpha_3)\big[(\Delta p)^e - (\Delta p^*)^e\big] +$$

$$(1+\alpha_3)(\varepsilon - \varepsilon^*) - (\mu - \mu^*)\Big\} \qquad (6-9)$$

其中，y 为国民收入，q 为实际汇率，$(\Delta p)^e$ 为通胀预期，ε 为总需求冲击，μ 为总供给冲击，相应变量带星号表示对应的国外变量。$A = (\alpha_1 - \alpha_2) + \beta_1(1 + \alpha_3)$，$\alpha_1$，$\alpha_2$，$\alpha_3$，$\beta_1$，$\beta_2$ 均为正的弹性系数。在式（6-8）和式（6-9）的基础上，可得：

$$r - r^*(\cdot) = f((\Delta p)^e - (\Delta p^*)^e, \ \varepsilon - \varepsilon^*, \ \mu - \mu^*)$$

$$= F[(v - v^*); (m - m^*); (a - a^*), \ \ln\delta] \qquad (6-10)$$

结论4：均衡实际利差取决于国内外预期通胀差异以及来自总供给冲击和总需求冲击。引入总供求冲击，不但可以考察市场自发调整渠道，进行调整稳定化政策的作用分析。更重要的是，式（6-9）为式（6-8）中的协整关系提供了理论上的支持。通过式（6-8）的相

关变量与式（6-9）中的冲击源一一对应，避免了变量选取的随意性，提高了均衡实际利差决定因素分析的针对性与理论基础。

对于均衡实际汇率，参见式（6-10），"市场调整渠道"涉及的关键因素[1]——购买力平价、利率平价及国内外货币因素。均衡实际汇率 $\bar{q}$ 通过与上述市场调整渠道关键因素是否存在长期均衡关系的线性表达来求解。在此基础上，反映市场主体行为最优化及与经济结构相协调的反映长期均衡的 $\min(\bar{s})$，可通过名义汇率与均衡实际汇率及均衡实际利差是否存在长期均衡关系，来近似求解 $\min(\bar{s}) = -\dfrac{\phi}{1-\gamma} + \overline{r-r^*}(\cdot) + \dfrac{\bar{q}}{\theta(1-\gamma)}$。伴随中国经济崛起与人民币国际化推进，汇率升值底线作为开放条件下微观经济运行优化的重要宏观条件，不但在短期形成有管理浮动汇率弹性区间的重要参考，而且在长期将成为人民币汇率水平动态稳定的均衡收敛参照，从而促进人民币汇率在市场价格形成过程中向符合自身国民利益的价值水平理性回归。

第四节　实证研究与对策建议

一、变量选取与初步的数据分析

根据上文均衡实际汇率及汇率升值底线分析，从经济基本面考察人民币均衡实际汇率的变化机理并对人民币汇率升值底线进行测算，结合式（6-8）和式（6-9），主要考虑以下因素：反映总供给冲击的国内外劳动生产率差异、国内外不可贸易品部门劳动生产率对比，反映总需求冲击的国内相对货币因素差异等，反映国内外通胀预期的国内外实际利差以及国内外货币供给流动性差异等。变量具体说明如下：

---

① 易纲、张帆：《宏观经济学》，中国人民大学出版社 2008 年版。

第一，选取人民币实际有效汇率 reer = ln（REER），由于来自国际货币基金组织 IFS 的 REER 为间接标价法，以 2005 年为基期，并采用消费者价格指数进行平减。对于人民币对美元即期汇率 S（直接标价法），相应地对 S 取倒数并对数化处理 e = ln（1/S），引入 reer 和 e，作为汇率升值底线分析的基础变量。

第二，对于反映预期的变量，在利率方面，引入国内外实际利差 rd =（r − r*），从而考虑费雪效应，对人民币基准利率（存款利率 i_ CH）和美元基准利率（联邦基金利率 i_ US）分别针对各自的 CPI 进行抵减扣除。在货币方面，进一步引入国内外货币供给流动性差异 $m12 = \ln\left(\dfrac{M1\_ CN/M2\_ CN}{M1\_ US/M2\_ US}\right)$ 作为经济景气循环的表征。

第三，对于总供给冲击，从长期而言，主要考虑美中两国的劳动生产率。引入消费者价格指数 CPI 与生产者价格指数 PPI 之比，作为国内相对生产率差异指数近似替代，进而考虑中国对美国的相对生产率差异 $bs = \ln\left(\dfrac{CPI\_ CN/PPI\_ CN}{CPI\_ US/PPI\_ US}\right)$。

第四，对于总需求冲击，在实体经济层面，考虑国际贸易对汇率的影响，引入出口与进口贸易差额国的国内外对比 $trade = \ln\left(\dfrac{EX\_ CN/IM\_ CN}{EX\_ US/IM\_ US}\right)$。由于政府支出通常用于非贸易品，引入政府支出对 GDP 占比 fiscal = ln（FISCAL_ CN/GDP_ CN），以体现非贸易品情况。在货币层面，对于国内外货币化程度差异，引入 $m = \ln\left(\dfrac{M2\_ CN/GDP\_ CN}{M2\_ US/GDP\_ US}\right)$，用以反映总需求。在金融市场层面，纳入国内外的股价差异对比 st = ln（ST_ CN/ST_ CN）。

第五，在此基础上，进一步考虑货币结构因素，考察执行价值储藏功能具有资产性的准货币（M2 − M1）（这部分货币对于居民资产选择行为和购置房产等具有较大影响）与执行交易媒介发挥支付功能的狭义货币（M1）比值的国内外差异，引入国内外货币杠杆差异 m21 =

$$\ln\left(\frac{(M2\_CN-M1\_CN)/M1\_CN}{(M2\_US-M1\_US)/M1\_US}\right)，进而将货币供求与总供求相$$

联系。[1]

全样本数据的时期跨度为 2000 年第一季度至 2013 年第四季度，包含 56 个季度样本点。相关数据取自 IMF 的国际金融统计（IFS）和 CEIC 数据库，所使用的计量软件是 Eviews6.0。

二、升值底线的实证检验过程概述

对于人民币升值底线的近似测算，基本思路是式（6 - 8）。最优实际汇率动态定标下，根据 $\min(\bar{s}) = -\frac{\phi}{1-\gamma} + \overline{r-r^*}(\cdot) + \frac{\bar{q}}{\theta(1-\gamma)}$，从而升值底线测算的关键在于均衡实际利差 $\overline{r-r^*}(\cdot)$ 和均衡实际汇率 $\bar{q}$ 的求解。

第一，在实证方法上，结合相关文献，对于均衡实际汇率的求解，主要是基于行为均衡汇率 BEER 视角。在技术上，针对实际汇率的长短期信息构成，通过 HP 滤波分离出长期趋势，并且进一步估计长期趋势的协整机制。[2] 对实际利差依据模型，采用普通协整检验。在此基础上，再进行"两重嵌套"的协整和回归分析。

第二，根据上文分析，结合变量选取，检验中美之间相关变量，实际利差 rd 与相对劳动生产率差异 bs、对外贸易改善差异 trade、货币化差异 m、货币供给流动性差异 m12、货币杠杆差异 m21、股价差异 st 及政府支出占比 fiscal 等之间是否存在协整关系（协整检验 I - a），进而判断对应变量之间是否存在经济意义上的"长期均衡"关系，以获得均衡实际利差。

第三，检验相关变量的长期趋势（H - P 滤波处理后）人民币实际有效汇率 reerHP 和相对劳动生产率差异 bsHP、对外贸易改善差异 trade-

---

[1] 林楠：《汇率动态与总供求视角下人民币均衡实际汇率》，《金融评论》2013 年第 6 期。

[2] 肖红叶、王莉、胡海林：《人民币均衡汇率决定机制及其影响因素的作用分析——基于行为均衡汇率估算模型分析技术改进的研究》，《统计研究》2009 年第 3 期。

HP、货币化差异 mHP、货币供给流动性差异 m12HP、货币杠杆差异 m21HP、股价差异 stHP 及政府支出占比 fiscalHP 等之间是否存在"长期均衡"的协整关系（协整检验 I－b），进而获得长期均衡实际汇率。

第四，如果存在上述协整关系，则进一步检验 rd 和 reer 是否可分别由上述变量线性表达。根据式（6－8），进一步对名义汇率 e 与均衡实际利差 rr 和均衡实际汇率 q 再次进行回归分析，进而近似获得人民币对美元汇率升值底线的近似测算 min(s̄)。

三、均衡实际利差与均衡实际汇率的协整检验

对均衡实际利差的决定因素，各变量经单位根检验均为二阶单整序列 I（1）（限于篇幅，具体结果备索）。选取时间序列 rd 和 bs、trade、m、m12、m21、st、fiscal 进行协整检验。参见表 6－1，经过 E－G 两步法检验，上述变量间存在协整关系。

剔除回归不显著的相关变量，如表 6－1 模型 2 所示，所有变量系数均较为显著，存在如式（6－11）所示的协整方程：

$$r - r^* = -57.6138 \times bs - 7.1429 \times trade + 5.6241 \times m - 2.1633 \times st + 3.8709 \times fiscal \tag{6-11}$$

从而初步验证了

$$\left[\frac{1-\theta}{\theta(1-\gamma)}(r-r^*) - \frac{\phi}{1-\gamma} + (m-m^*) + \ln\delta + (a-a^*) + (v-v^*) \right] \sim I(0).$$

对均衡实际汇率的决定因素，对相关各变量的长期趋势，采用 HP 滤波技术处理，经单位根检验（限于篇幅，具体结果备索），所有变量滤波后均为二阶单整序列 I（2）。选取时间序列 reerHP 和 bsHP、tradeHP、mHP、m12HP、m21HP、stHP、fiscalHP 进行协整检验。参见表 6－2，经过 E－G 两步法协整检验，上述变量间存在协整关系，且所有变量均较为显著。参见图 6－3，模型 3 整体较为理想，拟合效果较好，协整方程的残差序列很小且国际金融危机后波动有所加大。如果对于表 6－1 中实际利差也采取 HP 滤波处理后的协整回归，其残差序列参见图 6－4，具有明显的震荡缩小趋势，某种程度上刻画了我国近年来的利率市场化不断推进。

表 6 - 1　$r-\overline{r^{*}}$ 求解的协整检验

变量	协整检验 I - a（模型 1）		协整检验 I - a（模型 2）	
	系数	T 检验值	系数	T 检验值
C	15. 51093	0. 998809		
bs	− 62. 28803	− 4. 578798	− 57. 61379	− 4. 263273
trade	− 8. 614725	− 2. 720302	− 7. 142875	− 4. 517566
m	− 5. 491797	− 1. 047708	5. 624112	2. 500575
m12	− 2. 328659	− 0. 650295		
m21	− 1. 580922	− 0. 677122		
st	− 3. 498248	− 2. 787815	− 2. 163270	− 3. 502894
fiscal	6. 573524	2. 778707	3. 870870	3. 538221
R^2	0. 601202		0. 554214	
D. W.	0. 93578		0. 862318	
残差序列	（c, 0, 0）		（c, 0, 0）	
ADF 统计量	− 3. 938274 *		− 3. 780407 *	
5% 临界值	− 2. 916566		− 2. 916566	
是否协整	是		是	

表 6 - 2　$\overline{q}$ 求解的协整检验

变量	协整检验 I - b（模型 3）	
	系数	T 检验值
C	8. 517653	14. 54927
bsHP	− 2. 948135	− 7. 316682
tradeHP	0. 300329	2. 477557
mHP	− 0. 571433	− 9. 353944
m12HP	0. 308926	2. 251410
m21HP	0. 656943	15. 71209
stHP	0. 224556	7. 463761
fiscalHP	0. 288379	4. 827604
R^2	0. 999980	
D. W.	0. 256915	
残差序列	（c, 0, 3）	
ADF 统计量	− 3. 414087 *	
5% 临界值	− 2. 918778	
是否协整	是	

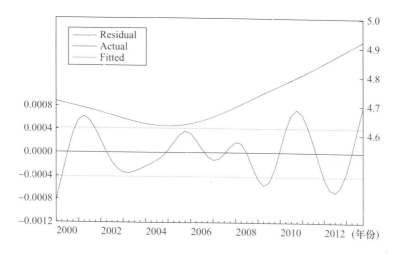

图 6-3 模型 3 的拟合情况与残差序列变化

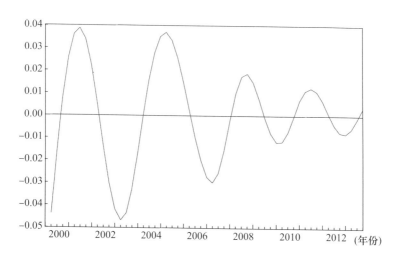

图 6-4 模型 1 HP 滤波后协整的残差序列

四、人民币升值底线的初步近似测算

第一，从升值底线的分析基础来看，基于以上的协整分析，进一步对均衡实际利差和人民币均衡实际汇率进行测算表达。对于均衡实际利差，结合式（6-11），将各解释变量进行 HP 滤波，将其代入模型 2 的协整方程，结合协整方程模型回归所得到的解释变量回归系数，对应相乘，得到均衡实际利差。类似地，结合模型 3，参见表 6 - 3，可得到均衡实际汇率。参见图 6 - 6，不难发现在样本期间内，人民币实际汇率在对称边界（上边界为 $\bar{q} + 0.043$，下边界为 $\bar{q} - 0.043$）内围绕均值 $\bar{q}$ 上下波动，并且在 2005 年汇率改革以来呈现实际汇率升值趋势。

第二，对于实际汇率失调，定义 MIS = $(Q - \bar{Q})/\bar{Q}$。参见表 6 - 3，如图 6 - 8 所示，汇率失调幅度均在（-6%，10%）区间以内，在 2001 年至 2003 年期间存在不超过 8% 的汇率高估，在 2003 年至 2008 年期间存在不超过 6% 的汇率低估，2009 年至 2010 年期间失调程度最大（最大高估近 10%），2011 年至 2013 年末人民币实际汇率则非常趋近均衡实际汇率。

第三，为应对 2008 年美国金融危机，2009 年我国推出了 4 万亿元投资计划，货币供给超常增加，并出现通胀。在结构调整情况下，产业结构却并没有优化，产能过剩和地方政府债务问题也有所恶化。反映在图 6 - 7 中，则对应于中美实际利差相对于长期均衡存在超常大幅失调。

第四，为了求解人民币升值底线，结合式（6 - 8）中的 min $(\bar{s}) = -\dfrac{\phi}{1-\gamma} + \overline{r - r^*}(\cdot) + \dfrac{\bar{q}}{\theta(1-\gamma)}$，进一步选取时间序列 e（已由人民币对美元名义汇率 S 直接标价转为间接标价）作为被解释变量与 $r - r^*$ 和 $\bar{q}$ 再次进行 E - G 两步法协整检验（模型 4）。经检验，均衡实际利差 $r - r^*$ 和长期均衡实际汇率 $\bar{q}$ 均为 I(0) 过程（具体过程备索），可直接进行回归分析进而得到式（6 - 12）：

$$\bar{e} = -9.8893 + 1.6787 \times \bar{q} - 0.0794 \times \overline{r - r^*}$$
$$(-27.33442) \quad (21.68751) \quad (-8.395313)$$

$$R^2 = 0.920367 \quad \text{D. W.} = 0.068813 \tag{6 - 12}$$

在式（6 - 12）的基础上，将其幂指数化再取倒数处理，还原为直接标价法下的 min($\bar{s}$)，并将其与直接标价法下的人民币对美元名义即期汇率 S 进行比较。

表 6-3　人民币均衡名义汇率测算及应用

	模型 2（均衡实际利差）	模型 3（均衡实际汇率）
协整方程	$\overline{r-r^*} = -57.6138 \times \mathrm{bsHP} - 7.1429 \times \mathrm{tradeHP} + 5.6241 \times \mathrm{mHP} - 2.1633 \times \mathrm{stHP} + 3.8709 \times \mathrm{fiscalHP}$	$\bar{q} = 8.5177 - 2.9481 \times \mathrm{bsHP} + 0.3003 \times \mathrm{tradeHP} - 0.5714 \times \mathrm{mHP} + 0.3089 \times \mathrm{m12HP} + 0.6569 \times \mathrm{m21HP} + 0.2246 \times \mathrm{stHP} + 0.2884 \times \mathrm{fiscalHP}$
长期均衡	标准差为 0.705215	标准差为 0.086199
均衡水平区间	图 6-5　均衡实际利差及其波动区间	图 6-6　人民币均衡实际汇率及波动区间
失调幅度	图 6-7　相对于长期均衡的实际利差失调	图 6-8　相对于长期均衡的实际汇率失调

五、人民币升值底线的经验回顾与政策内涵

相对于人民币汇率升值底线，参见图6-9，直接标价法下，人民币对美元汇率在2000年初至2013年末样本期间内，大致可以分为以下7个阶段，对应于三大类不同时期。

第一，人民币对美元名义汇率在升值底线的上方。包括阶段①2000年第一季度至2003年第一季度，阶段③2007年初至2008年第二季度，和阶段⑤2010年初至2011年初。其共同特点是：都是对上一次危机后内外部冲击的缓冲，属于进入新的相应改革和政策调整前的缓慢恢复期，为后续的人民币调整积累了升值空间。

第二，人民币对美元名义汇率在升值底线的下方。包括阶段②2003年第一季度至2006年中后期，阶段④2008年中期至2009年末，阶段⑥2011年中期至2012年末。其共同特点是，应对危机或经济下行压力，出台相应新的改革措施，与此同时，伴随之前累积的升值空间的逐步释放。

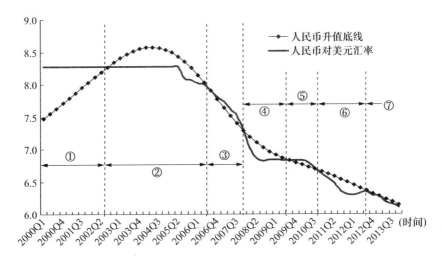

图6-9　人民币对美元名义双边汇率与升值底线（直接标价法）

第三，人民币对美元名义汇率与升值底线相重合。包括阶段⑦2013 年初至 2013 年末，尽管 2013 年上半年，出口大幅波动，经济持续下行，但中国经济顶住了压力，而没有"硬着陆"。伴随之前各阶段升值空间积累与释放的交替进程，进入阶段⑦后，人民币对美元汇率与名义升值底线基本重合，意味着人民币汇率已接近长期均衡水平。

第七章 实际汇率内生性再探：
对外价值基底测算

第一节 引言与文献概览

汇率是开放经济国内外的重要相对价格。其名义升值意味着不同货币相互兑换比价改变，实际升值则进一步与国内外价格体系相关联。对主权货币而言，开放经济总供求所对应的货币供求影响汇兑变化，名义汇率尽管在理论上存在汇率超调（overshooting），但在短期内相对于金融市场价格波动仍然较小；实际汇率尽管在价值判断、总量表达和货币度量等方面，理论上回归购买力平价，但在长期内相对于通胀变化却较为显著。从对外经济交往中的价格因素来看，商品篮子的可贸易品与不可贸易品构成配比决定了内部实际汇率，进而整体价格调整后的汇兑度量形成了外部实际汇率。在此基础上，分析汇率变动决定因素可通过实际汇率分解来展开。

对于汇率动态，名义动态的内在机理是市场供求下无套利均衡，实际动态的内在机理是国内外价格背后工资以及劳动生产率差异调整。进而对于汇率定价，重要的是：第一，货币购买力问题，理论依据是购买力平价；第二，价格背后的劳动生产率问题，理论依据是巴拉萨—萨缪尔森效应。具体而言，以购买力平价条件进行度量，其假设前提是国内外价格水平实质性差异最小化。这意味着国内外经济体基本相似，对应于经济追赶条件下后发国家与发达国家之间的生产率差异最终缩小，直至后发国家在巴拉萨—萨缪尔森效应下实际汇率升值终结的情景条件。由此可见，购买力平价条件所确定的是汇兑价值评估的长期边界。这意味着，现实中市场供求所要求的名义汇率尽管短期内可能会偏离购买力平价条件，但在长期经过价格调整后最终还是要回归以购买力平价为基底的长期均衡汇率。

人民币汇率升值始于 2005 年。一方面，名义汇率从之前较长期的贬值和固定转变为人民币对美元汇率的单边名义升值状态；另一方面，实际汇率也呈现类似变化，并逐渐形成升值态势。直观来看，参见图 7−1 和图 7−2（在间接标价法下），人民币对美元名义汇率和人民币实际有效汇率的走势大致相同，但月度变化明显前者要小于后者。显然，两者存在某种关联。但是，在 2014 年和 2015 年人民币已然出现了连续性贬值。"双向波动"、"进退有序"的人民币汇率新动态，是否表明人民币汇率已接近均衡水平？是否意味着人民币汇率名义升值已回归其动态变化的价值基底？人民币汇率的升值空间还有多少？这些已成为需要慎重考虑的重要问题。

图 7−1 人民币汇率月度走势（间接标价法）

资料来源：CEIC。

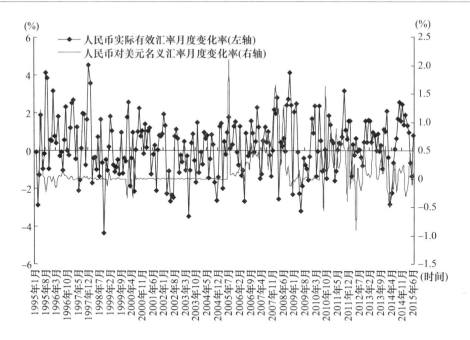

图7-2　人民币汇率月度变化率（间接标价法）

资料来源：CEIC。

在国际经济中，标准常规的汇率评估，大多以市场完备、经济结构稳定为前提，关注的是"规范的"（normative）汇率。那么，如何测度与一国经济相适应的"规范的"汇率水平？在内外均衡视角下，通过将实际汇率分解为可贸易品相对价格部分和国内外不可贸易品相对价格比例部分，Alberola 等（1999）分析两部分所分别对应的净国外资产头寸和"B－S效应"的"存量—流量"均衡条件下的汇率，成为重要方向。为了简化均衡汇率的测度，使汇率估算更具操作性，借助协整理论，分析度量变量之间存在的长期稳定关系，成为均衡汇率研究普遍采用的方法之一，具有代表性的是行为均衡汇率（BEER）（Clark 和 MacDonald，1998）。定义实现经济体内所有市场主体存量均衡，进而由长期基本经济要素的协整关系对应均衡汇率水平，$\bar{q}_t = \beta' \bar{Z}_t$，其中，$\bar{q}_t$ 为实际汇率长期均衡值，$\bar{Z}_t$ 为中长期经济基本面的长期均衡向量（Driver 和 Westaway，2004）。从模型来看，行为均衡汇率（BEER）已较成体系，包括标准的行为均衡汇率（BEER）、持久均衡汇率（PEER）、均衡实际汇率（ERER）、高盛动态平衡汇率（GSDE-ER）等（Cenedese 和 Stolper，2012）。此外，综合考虑利率平价和购买力平价的资本加强均衡汇率测度（CHEER），进一步补充非抛补利率平价 UIP（Juselius 和 Mac Donald，2000），将实际利差与实际汇率进行协整，结合 $[q_t + \beta_1 (p_t^* - p_t) + \beta_2 (i_t - i_t^*)] \sim I(0)$，并以美国为例加以验证。从不同时期来看，基于短期视角，均衡汇率是集结所有可得信息的市场均衡，如资本自由流动下的资产市场说。长期视角是基于购买力平价理论，但由于其在实证检验中并不理想（Dornbusch，1987；Rogoff，1996），因此需要拓展分析，主要包括 B – S 效应和 Penn 效应。

在人民币均衡汇率研究方面，国外主要探讨的是中长期概念，关注的是内外均衡或 PPP 拓展下的实际汇率，并采用了单方程或面板分析。对此，Cline 和 Williamson（2008）、Cheung 等（2009）进行了人民币均衡汇率的代表性测算。但是，正如 Dunaway 等（2009）所指出的，当均衡汇率模型的采用、模型技术参数、解释变量的界定和样本区间等发生变化时，都有可能导致均衡汇率估计发生改变。例如，Cheung 等（2010）发现国外的估计结果在人民币被低估 49% 到被高估 36% 范围内较为分散。再如，Cheung 等（2007）认为人民币被低估，但采用有关中国实际收入新度量后，Cheung 等（2009）又发现没有任何证据显示人民币汇率被低估。此外，对于人民币与美元的购买力平价汇率，其也并非人民币的均衡汇率，在进行中美比较时，以此获得均衡实际汇率要困难得多（Engel，2009）。综合以上分析，目前如何构建适当的人民币汇率评估模型尚未达成共识。

在国内，基于"Penn 效应"的拓展型 PPP 方法，王泽填和姚洋（2008）以及杨长江和钟宁桦（2012）并不认同国外关于人民币被严重低估的看法。结论相似，胡春田和陈智君（2009）进行了 FEER 模型分析。基于 BEER 模型，谷宇等（2008）、肖红叶等（2009）进行了模型和分析技术改造。其中，前者突出了国内外实际利差引入；后者进一步提出了以实际汇率为被解释变量，以汇率决定要素为解释变量，对被解释变量和解释变量同时滤波，得到相应的长期趋势，利用各长期趋势建立协整模型，直接估算均衡汇率的新方法。基于内外均衡及 Alberola 等（1999），秦朵和何新华（2010）对人民币均衡实际汇率进行了面板分析，结果表明近期人民币实际汇率不存在低估。此外，从中短期考虑，人民币对美元汇率自 2005 年汇改以来大幅升值已超过30%，2011 年中国国际收支经常项目与 GDP 之比降至 2.8%，人民币汇率正逐步趋于合理均衡水平（中国人民银行金融研究所，2011）。从长期而言，人民币对美元汇率取决于中美两国劳动生产率变化和货币政策松紧程度，目前及未来可预见时间内人民币汇率非常接近均衡汇率（易纲，2012）。

对于人民币汇率改革，党的十八届三中全会提出，要完善人民币汇率市场化形成机制。在宏观层面，完善人民币汇率市场化形成机制改革对国际收支趋向平衡发挥相应作用，有助于全球资源的优化配置；在微观层面，伴随人民币汇率逐步趋向均衡水平，其浮动能促进企业提高技术水平和核心竞争力，增强实体经济应对外部变化的弹性（胡晓炼，2014）。这意味着发挥市场供求在汇率形成中的基础性作用，提高国内外两种资源的配置效率，促进国际收支平衡（周小川，2013）。但是缺乏市场主体，买卖双方实力悬殊，供求双方交易意愿和真实交易成本难以直接体现等问题，给人民币与美元之间合理汇价的形成带来了困扰（王国刚，2014）。而国际金融危机后，人民币对一篮子货币快速升值，引发了对汇率高估的担忧：现行汇率形成机制如果不加以完善，人民币汇率被高估的风险不断累积，可能带来严重不利的后果（张斌，2014）。对此，如何进行合理研判，并进一步优化政策空间，成为本章分析的重要落脚点。

第二节　理论模型

对于经历较高经济增长的后发国家，伴随国内相对劳动生产率的提升，通常将导致其与他国价格水平相比，国内价格水平上涨，其均衡实际汇率也将系统性升值，表现为经济赶超进程中 B – S 效应下的货币追赶。近年来，中国正在经历这样的加速过程。不仅如此，伴随金融发展和货币化进程，对于人民币升值，还需要进一步考虑即期汇率 S（直接标价法下①）相对于当可贸易品满足绝对购买力平价的条件条件时的市场均衡汇率 $\bar{S}$ 是否被低估。模型基本假设如下。

假设 1：绝对购买力平价在可贸易部门成立，国内外居民消费商品的篮子构成基本相同。

假设 2：与可贸易品部门相比，国内外不可贸易品部门的劳动生产率呈比例关系。

假设 3：市场主体在"学习"中对实际汇率预期，由初始的回归性预期渐变为理性预期。

一、理论分析基础：购买力平价条件与市场均衡汇率

1. 购买力平价条件 PPP

作为长期名义汇率的测度，PPP 是国内外整体价格水平 P 与 P^* 的对比，即 $PPP = \dfrac{P}{P^*}$。在短期，名义即期汇率会偏离 PPP。结合外部实际汇率 $Q = \dfrac{SP^*}{P}$，可得：

$$Q = \frac{S}{PPP} \qquad\qquad (7-1)$$

显然，仅当 Q = 1 时，S = PPP。在现实中，Q 不恒等于 1。这意味着 PPP 并非总是当然成立。其中，很重要的因素是不可贸易品部门。

2. 市场均衡汇率 $\bar{S}$

相对于 PPP，国内外可贸易品定价满足绝对购买力平价的条件更为充分。令国内外可贸易品的价格为 P_T 和 P_T^*，则 $\bar{S} = \dfrac{P_T}{P_T^*}$。定义 $\bar{S}$ 为本币的市场均衡汇率，其内在实现机理是市场供求下无套利均衡。对

---

① 在理论分析部分中，汇率标价均采取直接标价法，数值越大表示本币汇率贬值，数值越小表示本币汇率升值。

于不可贸易品定价 P_N 和 P_N^* 由各自国内市场决定。根据假设1，国内外商品篮子构成基本相同，其中可贸易品占比为 γ，不可贸易品占比为 $(1-\gamma)$。在此基础上，外部实际汇率 Q 定义式可分解为：

$$Q = \frac{SP^*}{P} = \frac{S\,(P_T^*)^\gamma\,(P_N^*)^{1-\gamma}}{(P_T)^\gamma\,(P_N)^{1-\gamma}} = \left(\frac{S}{\bar{S}}\right)\left(\frac{\bar{S}P_N^*}{P_N}\right)^{1-\gamma} \qquad (7-2)$$

3. $\bar{S}$ 与 PPP 的关系

结合 B – S 效应，可证明在数值上 $\bar{S}>$ PPP。对此，证明如下：从家庭的效用函数出发，主要取决于消费、实际货币余额和闲暇，进而家庭效用最大化求解如式（7－3）所示，家庭效用最大化下一阶条件参见式（7－4）。其中，C_i 表示消费者 i 在时期 t 的消费、ρ 为不同商品之间的替代弹性、χ 为货币需求的变动参数、ε_m 为物价的弹性系数、$\frac{M_i}{P}$ 表示消费者 i 在时期 t 拥有的实际货币余额、L_i 代表劳动力供给、η 表示闲暇的需求转换系数；在预算约束条件中 $M_{i,0}$ 为行为人的初始货币持有量、T 为来自政府的税收及转移支付、Π_i 为利润分红、W_iL_i 为工资收入。

$$\begin{cases} \max：U_i = \dfrac{1}{1-\rho}C_i^{1-\rho} + \dfrac{\chi}{1-\varepsilon_m}\left(\dfrac{M^i}{P}\right)^{1-\varepsilon_m} - \dfrac{\eta}{2}L_i^2 \\ \text{s. t.} \quad M_i + PC_i = M_{i,0} + T + W_iL_i + \Pi_i \end{cases} \qquad (7-3)$$

$$\frac{\varepsilon_l}{\varepsilon_l-1}\left(\frac{\eta L^2}{\dfrac{L}{P}\,(C)^{-\rho}}\right) = W \qquad (7-4)$$

结合家庭效用函数最大化条件，在柯布—道格拉斯生产函数条件下，劳动的边际产品与平均劳动生产率呈比例关系（即 MPL = kA），进一步考虑竞争性企业对劳动力的需求，由 P × MPL = W 所决定，进而可以得到 $kA = MPL = \dfrac{W}{P} = \dfrac{\varepsilon_l}{\varepsilon_l-1}\left(\dfrac{\eta L}{(C)^{-\rho}}\right)$，即 $P = \dfrac{W}{kA} = \dfrac{W\,(\varepsilon_l-1)}{k\varepsilon_l}$ $\left(\dfrac{(C)^{-\rho}}{\eta L}\right)$。从可贸易品和不可贸易品的部门划分来看，考虑 B – S 效应，一方面，在各国内部工资均等化的作用下，$W_N^* = W_T^* = W^*$，

$W_N = W_T = W$；另一方面，国外与国内相比，可贸易品部门劳动生产率较高，不可贸易品部门的劳动生产率没有差异，从而有 $A_T^* > A_T$，$A_N^* = A_N$。由此可得，国外不可贸易品部门相对价格更为昂贵，即 $\dfrac{P_N^*}{P_T^*} > \dfrac{P_N}{P_T}$。进一步结合式（7-1）和式（7-2），可得到 $\bar{S} > PPP$。

4. 汇率升值路径与升值趋势下汇率动态的价值基底

对于发展中国家的汇率评估，使用 PPP 可衡量长期均衡下本币汇率的整体低估情况（如图 7-3 中的 A 点）。进一步纳入国内外的可贸易品与不可贸易品相对生产率差异，实际汇率可以是相对于 PPP 条件的均衡低估，即使不满足 PPP，但仍可实现劳动生产率水平意义上的均衡（如图 7-3 中 A′点）。对于一个经历了较高经济增长的发展中国家，特别是相对劳动生产率快速增长，将导致其与他国价格水平相比国内价格水平的整体上涨，其均衡汇率也将系统性升值，表现为经济赶超进程中的货币追赶。结合以上分析，由 $\bar{S} > PPP$ 可得：

结论1：对于 B-S 效应和经济赶超下的升值过程，市场均衡汇率 $\bar{S}$ 实际上构成了汇率升值所达到合理均衡水平上基本稳定的长期价值区域的上半部分（参见图 7-3）。由于 $\bar{S} > PPP$，因此，市场均衡汇率 $\bar{S}$ 越小则越接近 PPP，从而可通过求解 $\min(\bar{S})$ 间接近似逼近本币升值趋势下汇率动态的价值基底。

二、微观基础与宏观条件：引入微观预期与货币化因素的变量替代

1. 引入预期的初始条件分析

在上文居民和厂商的微观分析基础上，进一步将国内外不可贸易品部门的工资价格关系 $P_N = \dfrac{W}{A_N}$，$P_N^* = \dfrac{W^*}{A_N^*}$ 代入式（7-2）可得：

$$Q = \left(\frac{S}{\bar{S}} \right) \left(\frac{\dfrac{\bar{S} W^*}{A_N^*}}{\dfrac{W}{A_N}} \right)^{1-\gamma} \tag{7-5}$$

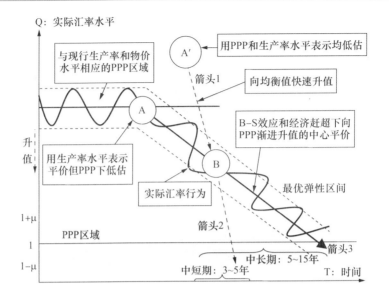

图 7-3 实际汇率升值的趋势动态与价值基底

根据假设 2，国内外不可贸易品部门劳动生产率呈比例关系，$\delta = \dfrac{A_N^*}{A_N}$，整理式（7-5）可得：

$$Q = \left(\frac{S}{\overline{S}}\right)\left(\frac{\overline{S}W^*}{\delta W}\right)^{1-\gamma} \qquad (7-6)$$

根据假设 3，市场主体的预期为回归性预期，将实际汇率预期变化率 $(\Delta q)^e$ 表示为[①]：

$$(\Delta q)^e = -\theta\,\frac{S-\overline{S}}{\overline{S}} \qquad (7-7)$$

其中，θ 是市场主体预期实际汇率向均衡回归的速度。由式（7-6）和式（7-7）整理可得：

$$Q = \left(1 - \frac{(\Delta q)^e}{\theta}\right)\left(\frac{\overline{S}W^*}{\delta W}\right)^{1-\gamma} \qquad (7-8)$$

若购买力平价在现实中不当然成立，结合实际利率平价，中短期

---

① 相应变量的小写字母表示经过取对数处理，以下同。

内预期实际汇率变化率（Δq）^{e} = r – r*。其中，r = i – （Δp）^{e} 和 r* = i* – （Δp*）^{e} 为名义利率经过通胀预期调整后（即费雪效应）所得到的国内外实际利率。在此基础上，式（7 – 8）可进一步表示为：

$$Q = \left(1 + \frac{r^* - r}{\theta}\right)\left(\frac{\overline{S}W^*}{\delta W}\right)^{1-\gamma} \tag{7-9}$$

2. 引入货币化因素的宏观变量替代

结合产出 Y 的简化表达 Y = MPL × L，厂商利润最大化条件 MPL = W/P 以及费雪方程 MV = PY，进一步可以得到 A = Y/L = MPL = W/P，W = PY/L = MV/L = （M/Y）（AV）。其中，M/Y 为货币化程度，劳动生产率 A = Y/L = MPL，货币流通速度为 V。在此基础上可得：

$$Q = \left(1 + \frac{r^* - r}{\theta}\right)\left(\frac{\overline{S}W^*}{\delta W}\right)^{1-\gamma}$$

$$= \left(1 + \frac{r^* - r}{\theta}\right)\left[\frac{\overline{S} \times \left(\frac{M^*}{Y^*}\right) \times A^* \times V^*}{\delta\left(\frac{M}{Y}\right) \times A \times V}\right]^{1-\gamma} \tag{7-10}$$

对式（7 – 10）对数线性化，将实际利率以外的相应变量均以小写字母表示，进而可得到式（7 – 11）：

$$q = \ln\left(1 + \frac{r^* - r}{\theta}\right) + (1-\gamma)\left[\bar{s} + (m^* - m) + (a^* - a) + (v^* - v) - \ln\delta\right] \tag{7-11}$$

令 m = log（M/Y），m* = log（M*/Y*），当国内外实际利差（r* – r）在数值上较小，而市场主体预期实际汇率向均衡回归速度 θ 的数值较大时，$\ln\left(1 + \frac{r^* - r}{\theta}\right) \approx \frac{r^* - r}{\theta}$，整理可得：

$$\bar{s} = \frac{q}{1-\gamma} + \frac{1}{\theta(1-\gamma)} \times (r - r^*) + (m - m^*) + (a - a^*) + (v - v^*) + \ln\delta \tag{7-12}$$

基于以上分析，在考虑微观预期并且满足微观行为最优化的基础上，由式（7 – 12）可得：

结论 2：潜含于实际汇率 q 的市场均衡汇率 $\bar{s}$ 的决定因素主要是实

际汇率 q、国内外实际利差（r － r*）、国内外货币化差异（m － m*）、国内外劳动生产率差异（a － a*）、国内外货币流通速度差异（v － v*）及先进国家相对后发国之间不可贸易品部门劳动生产率比率 lnδ。

3. 汇率动态的价值基底求解

中国尚未完全实现利率市场化和资本项目可兑换，利率平价在中国成立缺乏条件[①]。在短期，结合非抛补利率平价 UIP 条件，考虑中短期内风险收益调整后实际汇率的动态变化。由假设 3，假设在央行对实际汇率预期引导下，市场主体在"学习"过程中对实际汇率预期逐渐与央行预期一致，由回归性预期渐变为理性预期。从市场均衡汇率的形成来看，若实际汇率系统性构成的长期实际预期与均衡实际汇率相等，即 $q^e = \bar{q}$，则市场中的实际汇率动态可表示为：

$$dq = \beta(\bar{q} - q)dt - \alpha(r - r^*)dt + \sigma(x, t)dz(t) \qquad (7-13)$$

其中，dq 是实际汇率的市场动态，$\bar{q}$ 为市场供求作用下均衡实际汇率，α 和 β 为非负常系数，σ（x，t）近似表达资本项目不完全可兑换下资本流动的摩擦系数，由式（7 － 13）整理可得式（7 － 14）：

$$q = \bar{q} - \frac{1}{\beta} \times \frac{dq}{dt} - \frac{\alpha}{\beta} \times (r - r^*) + \sigma(x, t)\frac{dz(t)}{dt} \qquad (7-14)$$

在以上分析基础上，将式（7 － 14）代入式（7 － 12），进一步整理得到式（7 － 15）：

$$\bar{s} = \underbrace{\frac{\bar{q} - \dfrac{1}{\beta} \times \dfrac{dq}{dt} + \sigma(x, t)\dfrac{dz(t)}{dt}}{1 - \gamma}}_{\text{第 I 部分}} +$$

$$\underbrace{\left[\left(\frac{1}{\theta(1-\gamma)} - \frac{\alpha}{\beta}\right)(r - r^*) + (m - m^*) + (a - a^*) + (v - v^*)\right]}_{\text{第 II 部分}} + \underbrace{\ln\delta}_{\text{第 III 部分}}$$

$$(7-15)$$

直接标价法并且资本项目尚未完全可兑换下，min($\bar{s}$) 可通过式

（7-15）按如下方式求解获得：

$$\left.\begin{array}{l}\left[-\dfrac{dq}{dt}+\sigma(x,\ t)\dfrac{dz(t)}{dt}\right]\rightarrow 0\\[3mm]\left[\left(\dfrac{1}{\theta(1-\gamma)}-\dfrac{\alpha}{\beta}\right)(r-r^{*})+(m-m^{*})+(a-a^{*})+(v-v^{*})\right]\sim I(0)\end{array}\right\}\Rightarrow$$

$$\begin{cases}\dfrac{dq}{dt}=\sigma(x,\ t)\dfrac{dz(t)}{dt}\\[3mm]\min(\bar{s})=\dfrac{\bar{q}}{1-\gamma}+\overline{a-a^{*}}(\cdot)+\ln\delta\end{cases} \tag{7-16}$$

第一，由于资本项目不完全可兑换，$\sigma(x,\ t)$ 作为资本流动的摩擦系数，对应资本管制情况。$\left[-\dfrac{dq}{dt}+\sigma(x,\ t)\dfrac{dz(t)}{dt}\right]\rightarrow 0$，表示实际汇率在合理均衡水平上基本稳定。

第二，$\left[\left(\dfrac{1}{\theta(1-\gamma)}-\dfrac{\alpha}{\beta}\right)(r-r^{*})+(m-m^{*})+(a-a^{*})+(v-v^{*})\right]\sim I(0)\Rightarrow\overline{a-a^{*}}(\cdot)=F(\cdot)$，表示国内外实际利差（$r-r^{*}$）、国内外货币化差异（$m-m^{*}$）、国内外劳动生产率差异（$a-a^{*}$）和国内外货币流通速度差异（$v-v^{*}$）存在协整关系，由此可得，均衡的国内外劳动生产率差异可由上述其他相关变量函数表达，即 $a-a^{*}(\cdot)=F(\cdot)=F(r-r^{*},\ m-m^{*},\ v-v^{*})$。

第三，满足上述条件，人民币汇率动态的价值基底，可通过求解 $\min(\bar{s})$ 并根据式（7-16）来近似替代。

结论3：对于实际汇率升值的趋势动态与价值基底，特别是人民币汇率动态的价值基底，可由 $\min(\bar{s})$ 近似替代，并表示为均衡实际汇率（$\bar{q}$）、均衡的国内外实际利差的协整表达（$r-r^{*}(\cdot)$）的线性组合，进而 $\min(\bar{s})$ 求解关键在于国内外均衡的国内外劳动生产率差异和均衡实际汇率评估。

三、市场调节：总供求视角下的均衡实际汇率

对于均衡实际汇率的决定，采取总供求框架下的两国 AS-IS 模型

进行分析①。基本思路是：将国内外总需求做差，在资本自由流动条件下②，结合利率平价条件消掉国内外实际利差，进而可得到国内外产出差异的表达式；再将国内外总供给做差，又可以得到国内外产出差异的另一表达式；使国内外总供求的产出差异相等，联立求解可得均衡实际汇率。参见式（7－17）至式（7－21）：

（国内总供给 AS 曲线）　　$y = -\beta_1 q + \beta_2 (\Delta p)^e + \varepsilon$　　　（7－17）

（国外总供给 AS 曲线）　　$y^* = \beta_1 q + \beta_2 (\Delta p^*)^e + \varepsilon^*$　　　（7－18）

（国内总需求 IS 曲线）　　$y = \alpha_1 q - \alpha_2 r + \alpha_3 y^* + \mu$　　　（7－19）

（国外总需求 IS 曲线）　　$y^* = -\alpha_1 q - \alpha_2 r^* + \alpha_3 y + \mu^*$　　　（7－20）

$$\bar{q} = \frac{1}{B} \left\{ \beta_2(1 + \alpha_3) \left[(\Delta p)^e - (\Delta p^*)^e \right] + (1 + \alpha_3)(\varepsilon - \varepsilon^*) - (\mu - \mu^*) \right\}$$

$$(7-21)$$

其中，y 为国民收入，q 为实际汇率，$(\Delta p)^e$ 为通胀预期，ε 为总需求冲击，μ 为总供给冲击，相应变量带星号表示对应的国外变量。在式（7－21）中，$B = 2\alpha_1 + 2\beta_1(1 + \alpha_3) > 0$，$\alpha_1$，$\alpha_2$，$\alpha_3$，$\beta_1$，$\beta_2$ 均为正的弹性系数。在式（7－16）和式（7－21）的基础上，可得：

$$\bar{q}(\cdot) = f((\Delta p)^e - (\Delta p^*)^e, \ \varepsilon - \varepsilon^*, \ \mu - \mu^*)$$　　（7－22）

结论4：均衡实际汇率是国内外预期通胀差异以及来自总供给和总需求冲击的函数。引入总供求冲击，可以考察市场自发调整渠道，进行调整稳定化政策的作用分析。"市场调整渠道" 主要是购买力平价、利率平价及国内外货币因素等③，以对应来自总供给、微观预期和总需求的不同冲击。进而，均衡实际汇率 $\bar{q}$ 可通过市场调整渠道关键因素的长期均衡关系的线性表达来求解。

在此基础上，反映市场主体行为最优化及与经济结构相协调的反映长期均衡的 $\min(\bar{s})$，可通过名义汇率与合意实际汇率及均衡的国内

---

① 卡尔·瓦什：《货币理论与政策（第三版）》，格致出版社、上海三联书店、上海人民出版社 2012 年版，第 319～321 页。

② 在资本自由流动条件下，结合 $\left[-\frac{dq}{dt} + \sigma(x, t)\frac{dz(t)}{dt} + (1 - \gamma)\ln\delta \right] \to 0$，意味着 $\frac{dq}{dt} = 0$，$\sigma(x, t) = 0, r = r^*$。

③ 易纲、张帆：《宏观经济学》，中国人民大学出版社 2008 年版，第 525～527 页。

外实际劳动生产率差异是否存在协整关系，来近似求解 $\min(\bar{s})$ = $\frac{\bar{q}}{1-\gamma} + \overline{a - a^*}(\cdot) + \ln\delta$。

具体来看，国内外劳动生产率差异（$a - a^*$）主要是对应于总供给冲击。国内外货币化差异（$m - m^*$）和国内外货币流通速度差异（$v - v^*$）分别反映货币化和资产化程度，对应于开放条件下总需求冲击。国内外实际利率差异（$r - r^*$）反映收益资本化程度，对应于开放条件下国内外通胀预期差异。

伴随中国经济崛起与人民币国际化推进，汇率动态的价值基底作为开放条件下微观经济运行优化的重要宏观条件，不但在短期是形成有管理浮动汇率弹性区间的重要参考，而且在长期将成为人民币汇率水平动态稳定的均衡收敛参照，从而促进人民币汇率在市场价格形成过程中向符合自身国民利益的价值水平理性回归。

第三节 实证研究与对策建议

根据上文分析，从经济基本面考察人民币均衡实际汇率的变化机理并对升值趋势下人民币汇率动态的价值基底进行测算，结合式（7 – 16）和式（7 – 21）进行变量选取，主要考察中美之间的相关变量。

一、变量选取与初步的数据分析

变量选取主要考虑以下因素：第一，反映总供给冲击的国内外劳动生产率差异；第二，反映总需求冲击的国内外相对货币因素差异以及国内外不可贸易品部门情况的对比；第三，反映国内外通胀预期的国内外实际利差等。具体而言，主要是：

第一，选取人民币实际有效汇率 $q = \ln(\text{REER})$，由于来自国际货币基金组织 IFS 的 REER 为间接标价法，以 2010 年为基期（2010 = 100），并采用消费者价格指数进行平减。对于人民币对美元即期汇率

E（直接标价法），相应地对 E 取倒数并对数化处理 e = ln(1/E)。引入 q 和 e，作为人民币汇率动态的价值基底分析的基础变量。

第二，对于反映预期的变量，在货币因素方面，引入货币供给流动性的国内外差别比较 $m12d = \ln\left(\dfrac{M1\_CN/M2\_CN}{M1\_US/M2\_US}\right)$ 作为经济景气循环的表征。此外，在利率因素方面，引入国内外的实际利差 $rd = (r - r^*)$，即考虑费雪效应，对国内利率（贷款利率 i_CH）和国外利率（贷款利率 i_US）分别针对各自 CPI 进行抵减扣除得到实际利率，以反映收益资本化情况。

第三，对于总供给，在实体经济层面，从中长期而言，主要考虑美中两国的劳动生产率。引入劳动生产率的国内外差异 $lad = \ln\left(\dfrac{gdp\_CN/L\_CN}{gdp\_US/L\_US}\right)$，其中，gdp 为支出法下的名义产出除以 GDP 平减指数（2010 = 100）所得到的实际产出，L 为劳动力。此外，在人口因素方面，引入人口年龄结构国内外差异 $agd = \ln\left(\dfrac{labor\_CN/old\_CN}{labor\_US/old\_US}\right)$，作为反映实体经济结构的重要变量。

第四，对于总需求，在实体经济层面，就可贸易品而言，引入商品和劳务的出口 EX 与进口 IM 贸易额对比的国内外比较 $td = \ln\left(\dfrac{EX\_CN/IM\_CN}{EX\_US/IM\_US}\right)$，以反映经常账户情况。就不可贸易品而言，由于政府支出通常用于非贸易品，引入政府支出 FISCAL 对 GDP 占比的国内外比较 $fd = \ln\left(\dfrac{FISCAL\_CN/GDP\_CN}{FISCAL\_US/GDP\_US}\right)$，以体现非贸易品情况。

第五，对于总需求，在货币金融层面，首先，引入广义货币占比实际产出的国内外对比 $md = \ln\left(\dfrac{M2\_CN/gdp\_CN}{M2\_US/gdp\_US}\right)$，反映国内外货币化程度差异；其次，引入名义产出占比广义货币（即货币流通速度）国内外对比 $vd = \ln\left(\dfrac{GDP\_CN/M2\_CN}{GDP\_US/M2\_US}\right)$，反映国内外资产化程度差异；最后，进一步考虑货币结构因素，考察执行价值储藏功能具有资产性的准货币（M2－M1）（这部分货币对于居民资产选择行为和购置房产等具有较大影响）与执行交易媒介发挥支付功能的狭义货币（M1）比值的国内外差异，引入国内外货币杠杆差异 $m21d = \ln\left(\frac{(M2\_CN - M1\_CN)/M1\_CN}{(M2\_US - M1\_US)/M1\_US}\right)$，进而将货币供求与总供求相联系（林楠，2013）。

第六，全样本数据时期跨度为 1978 年至 2014 年，共包含 35 个年度样本点。引入虚拟变量 time，结合人民币汇率改革，分别令 1980 ~ 1994 年为 －1，1995 ~ 2005 年为 0，2006 ~ 2014 年为 1。所有数据取自 IMF 的国际金融统计（IFS）和 CEIC 数据库，所使用的计量软件是 Eviews6.0。

二、实证检验过程概述

结合升值趋势下人民币汇率动态的价值基底分析的基本思路，特别是式（7－16），根据 $\min(\bar{s}) = \frac{\bar{q}}{1-\gamma} + \overline{a - a^*(\cdot)} + \ln\delta$，从而测算的关键在于均衡的国内外劳动生产率差异 $\overline{a - a^*(\cdot)}$ 以及合意实际汇率 $\bar{q}$ 的求解。

第一，根据上文分析，变量选取上结合式（7－16），主要检验中美之间相关变量。实证方法上，结合相关文献，对于合意实际汇率的求解，主要是基于行为均衡汇率（BEER）视角，采取"从一般到特殊"的建模方法。对均衡国内外实际利差，依据模型，参考式（7－16），采用协整检验。在此基础上，再进行"两重嵌套"的协整分析。

第二，对于均衡实际汇率的求解，根据"从一般到特殊"方法，从包括尽可能多的解释变量及滞后项的"一般"模型着手，通过诊断检验不断考察模型"缩减"的有效性，逐步去除统计上不显著的变量，从而得到一个简化、与经济理论相一致且稳定的最终模型（伍戈、曹红钢，2014）。

第三，对均衡的国内外劳动生产率差异 lad，考察其与均衡的中美实际利差 rd、中美实际货币化程度差异 md、中美货币流通速度差异 vd

之间是否存在协整关系（协整检验 I），进而判断对应变量之间是否存在经济意义上的"长期均衡"关系，以获得均衡实际劳动生产率差异。

第四，如果存在上述协整关系，则实际劳动生产率差异可由上述变量线性表达。根据式（7 – 16），进一步对名义汇率与均衡实际劳动生产率差异和均衡实际汇率进行协整检验（协整检验 II），进而近似获得人民币对美元汇率动态的价值基底的近似测算。

三、人民币均衡实际有效汇率与中美均衡实际生产率差异的实证分析

采取"从一般到特殊"的建模方法（伍戈、曹红钢，2014），将人民币实际有效汇率 q、国内外劳动生产率差异 lad、人口年龄结构国内外差异 agd、国内外的实际利差 rd、货币供给流动性国内外差别比较 m12d、商品和劳务的出口与进口贸易额对比的国内外比较 td、政府支出占比 GDP 的国内外比较 fd、广义货币占比实际产出的国内外对比 md、国内外货币杠杆差异 m21d、虚拟变量 time 等指标及其滞后项综合入"一般"模型，通过诊断检验不断尝试各种组合，得到合意实际有效汇率如表 7 – 1 所示。其中，仅考虑供给面的因素的方程 1 的拟合优度较低，说明在回归过程中可能遗漏了重要的解释变量，仅考虑了需求面因素的方程 2 整体效果比方程 1 要好，但综合考虑供给和需求因素的方程 3 效果相对最好，并且拟合优度高达 95%。

表 7 – 1 合意实际有效汇率的解释因素

自变量 ＼ 方程	方程 1	方程 2	方程 3
agd	9. 401117 ** (4. 119414)		– 2. 741109 ** (0. 905970)
agd(– 1)	– 11. 75230 ** (3. 889461)		
rd(– 1)			0. 004956 * (0. 003795)

续表

自变量 \ 方程	方程1	方程2	方程3
td		-0.365481 ** (0.18103)	
fd		0.624404 ** (0.245853)	
md		-0.951221 ** (0.352182)	
md(-1)		1.684674 ** (0.400600)	0.660784 ** (0.247266)
vd(-1)		1.742473 ** (0.402484)	
m12d(-1)			-1.154946 ** (0.516369)
m21d(-1)		-0.230944 ** (0.082956)	-0.705079 ** (0.449529)
time	-0.283585 ** (0.118576)	0.119275 ** (0.082182)	
C	6.146682 ** (0.828396)	5.308968 * (0.082182)	7.100784 ** (0.675016)
R^2	0.385782	0.927117	0.949977
DW 统计量	0.481910	1.121082	1.544122

注：q 为被解释变量，括号内数值为回归系数的标准差，** 和 * 分别表示95%和90%置信度下的显著性。

为获得均衡的实际劳动生产率国内外差异，选取时间序列 lad 和 rd、md、vd 进行协整检验。经单位根检验相关变量均为一阶单整序列 I（1）（限于篇幅，具体结果备索）。通过 Johansen 协整检验，参见表 7-2，迹统计量和最大特征值统计量均表明上述变量之间存在长期协整关系，说明国内外的劳动生产率差异与实际利差、货币化差异、货币流通速度差异之间存在长期稳定关系，具体的协整方程如式（7-23）所示：

$$lad = 0.191926 \times rd + 1.081809 \times md + 2.714293 \times vd \qquad (7-23)$$

表 7-2　lad 和 rd、md、vd 的 Johansen 协整检验

H₀:	特征值	迹统计量检验		最大值统计量检验	
		统计量	5% 水平临界值	统计量	5% 水平临界值
r = 0*	0.545283	53.55462	40.17493	25.21855	24.15921
r≤1*	0.420535	28.33607	24.27596	17.46078	17.79730
r≤2	0.284131	10.87529	12.32090	10.69626	11.22480
r≤3	0.005579	0.179026	4.129906	0.179026	4.129906

表 7-3　lad 和 rd、md、vd 的 Johansen 协整方程系数估计

lad	rd	md	vd
1.000000	-0.191926	-1.081809	-2.714293
	(0.03536)	(0.40133)	(0.54252)
	[-5.42740]	[-2.69559]	[-5.00316]

四、人民币汇率动态的价值基底：初步的近似测算

第一，从人民币汇率动态的价值基底的分析基础来看，基于以上协整分析，进一步对均衡实际国内外劳动生产率差异和人民币均衡实际汇率进行测算表达。对于均衡实际国内外劳动生产率差异，结合式（7-23），将 rd、md、vd 各解释变量代入式（7-23）的协整方程，结合协整方程模型回归所得到的解释变量回归系数，对应相乘，得到均衡实际国内外劳动生产率差异，在此基础上对其进行 HP 滤波，从而得到均衡实际国内外劳动生产率差异的长期趋势。采用类似的方式，结合方程 3（参见表 7-1），可得到均衡实际汇率的长期趋势。参见图 7-4，不难发现在样本期间内，对数处理后的人民币实际汇率 q 在对称边界（上边界为 Q+0.1468，下边界为 Q-0.1468）内围绕 Q 上下波动，并且从 1994 年外汇改革以来开始呈现实际汇率升值态势。

第二，对于实际汇率失调，将 q 和 Q 进行幂指数化还原，定义 MIS =（现实值 - 均衡值）/ 均衡值。结合表 7-4，参见图 7-6，1981年至 1997 年亚洲金融危机爆发前，实际汇率失调幅度上下波动较大，1997 年至 2002 年期间存在平均为 8.7% 的实际汇率高估，在 2003 年至

表 7 – 4　人民币均衡名义汇率测算及应用

	均衡实际汇率 q̄	均衡实际国内外劳动生产率差异 ā − a*
方法	根据方程 3，代入数据，对应相乘，并对得到的 q 进行 HP 滤波，作为q的代理，记为 Q	根据式(7 – 23)，代入数据，对应相乘，并对得到的 lad 进行 HP 滤波，作为 ā − a* 的代理，记为 A

均衡水平

区间

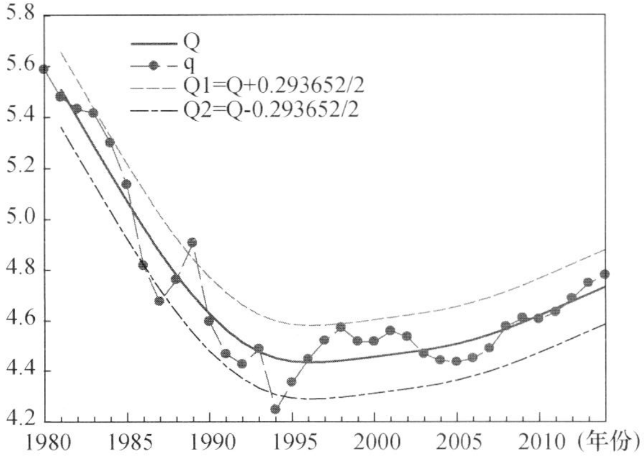

图 7 – 4　人民币均衡实际汇率及其波动区间

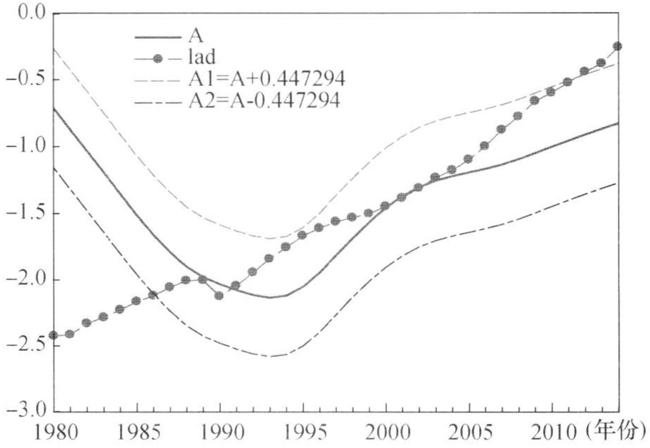

图 7 – 5　均衡实际劳动生产率差异及其波动区间

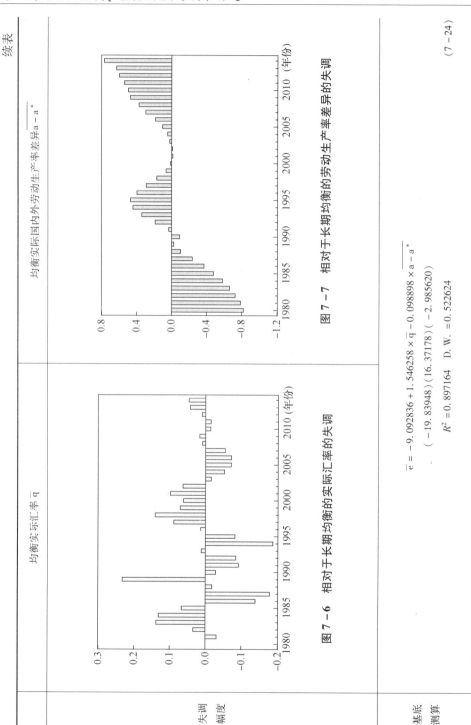

图 7 - 6　相对于长期均衡的实际汇率的失调

图 7 - 7　相对于长期均衡的劳动生产率差异的失调

$$\overline{e} = -9.092836 + 1.546258 \times \overline{q} - 0.098898 \times \overline{a - a^*}$$

$$(-19.83948)\,(16.37178)\,(-2.985620)$$

$$R^2 = 0.897164 \quad D.\ W. = 0.522624$$

(7 - 24)

2007 年全球金融危机爆发前存在平均为 5.3% 的实际汇率低估，2008
年至 2014 年期间存在平均为 1.4% 的实际汇率高估。截至 2015 年上半
年人民币实际有效汇率已开始出现了月度回落，综合来看，近期人民
币汇率的贬值是之前汇率失调的自然反应。

　　第三，对于国内外实际劳动生产率差异失调，参见图 7-5，1992
年邓小平南方谈话和 2001 年中国加入 WTO 这两个重要转折点上，国
内外劳动生产率差异的失调幅度最小，随后的 1994 年外汇管理改革和
2005 年人民币汇率改革，也都基本上处于失调幅度较小时期。就此而
言，在改革时机的把握上是较为适当的。

　　第四，为了求解人民币汇率动态的价值基底，结合式（7-16）
中的 $\min(\bar{s}) = \dfrac{\bar{q}}{1-\gamma} + \overline{a-a^*}(\cdot) + \ln\delta$，进一步选取时间序列 e（已由人
民币对美元名义汇率 E 直接标价转为间接标价）作为被解释变量与
$\overline{a-a^*}(\cdot)$（均衡实际国内外劳动生产率差异 A）和 $\bar{q}$（均衡实际汇率 Q）
进行 E-G 两步法协整检验。第一步经过静态回归得到方程式（7-24）。
第二步对静态回归的残差进行单位根检验。方程式（7-24）的残差
序列形式为（0，0，2），ADF 统计量分别为 -2.378982，绝对值大于
5% 水平临界值 -1.951332 的绝对值，检验结果表明残差序列不存在
单位根，为平稳序列。因此，上述变量之间存在均衡的协整关系。
在式（7-24）的基础上，将其幂指数化再取倒数处理，还原为直接
标价法并将其与直接标价法下的人民币对美元名义即期汇率 E 进行
比较。

五、再论人民币汇率动态的价值基底：经验回顾与政策内涵

　　相对于人民币汇率动态的价值基底，参见图 7-8，在直接标价法
下，改革开放以来人民币对美元汇率在 1980 年初至 2014 年样本期间
内大致可以分为 3 个阶段，对应于三大类不同时期。

　　第一，人民币对美元名义汇率在价值基底的下方。主要是从 1980
年至 1993 年。在该阶段，人民币名义汇率逐渐形成与其价值基底相一
致的内在名义贬值态势，从而成为人民币汇率贬值压力的累积时期。

第二，人民币对美元名义汇率在价值基底的上方。主要是从 1994 年至 2007 年。在该阶段，先后经历了名义汇率贬值压力释放、升值压力累积、升值压力释放。其中，改革红利的释放对外部冲击（金融危机）的缓冲发挥了重要作用，特别是中国加入 WTO 成为重要的转折。

第三，人民币对美元名义汇率与价值基底基本相重合。主要是从 2008 年至 2014 年。尽管 2013 年上半年，出口大幅波动，经济持续下行，但中国经济顶住了压力，没有"硬着陆"。伴随之前各阶段升值空间积累与释放的交替进程，进入该阶段后，人民币对美元汇率与其价值基底基本重合，意味着人民币汇率已接近长期均衡水平。

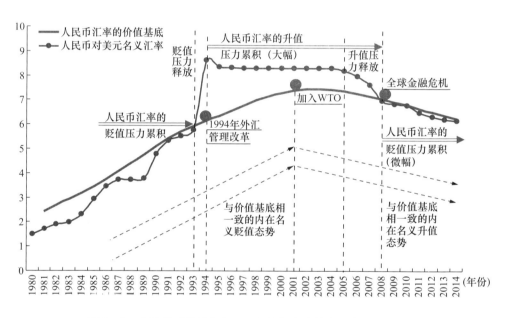

图 7-8　人民币对美元名义双边汇率与价值基底（直接标价法）

总之，人民币汇率问题之所以重要，因为这是我国诸多经济难题的源头问题，人民币国际化也受其制约。近年来，人民币汇率的价值基底的走势已逐步形成名义升值的趋势，参见图 7-8，是以中国加入 WTO 为分界，进而从 2001 年至今人民币对美元汇率逐步与价值基底的内在升值要求相一致，由此可以初步推断：

第一，进入 2015 年，一方面，人民币对美元汇率在阶段性调整上将进入贬值阶段；另一方面，这实际上也是前几个阶段不断升值所消耗升值空间的结果。这意味着，2015 年人民币对美元汇率贬值是阶段性调整，此后，相对于价值基底的升值趋势，人民币可能会在名义贬值后累积后续的升值空间，进而在人民币国际化的进程中继续呈现升值—调整—再升值的走势。

第二，至于人民币对美元汇率的最终升值空间究竟是多少，可尝试参考图 7－8 中"价值基底"曲线的斜率来初步判断。只要该曲线的斜率逐渐变小，"价值基底"曲线趋于平缓，则可能意味着人民币对美元汇率的升值将近乎尽头。

第三，从人民币对美元汇率与价值基底的偏离来看，2005 年汇率改革后，偏离较小甚至是基本重合。这表明央行的外汇管理在汇率水平的合理引导方面是值得肯定的。伴随人民币汇率形成机制改革，在美国量化宽松政策退出甚至未来加息的背景下，人民币对美元汇率向其价值基底靠拢，保持人民币汇率在合理均衡水平上基本稳定，将有助于引导跨境人民币输出和回流、防范对人民币汇率单向投机所导致的热钱冲击。正如周小川（2012）所指出的，人民币汇率如果达到某个合理均衡水平，就会保持基本稳定；如果人民币汇率已处于合理水平，当前应保持人民币汇率基本稳定。

第八章　进一步完善人民币汇率市场化形成机制

目前中国经济增速放缓。IMF 相关研究表明，在落实全面深化改革条件下，中国 GDP 增长潜力到 2020 年才有可能提高 2 个以上的百分点。如何才能成功跨越中等收入陷阱，真正步入高收入国家行列？可持续增长的根源和动力，比单纯的保增长更为重要！开放型市场经济下，技术创新是根本，市场完善是基础，国内外资本配置是关键，本外币资金价格是核心。开放经济金融大棋局中，利率是"车"、汇率是"马"，对内需、外需的控制协调涉及国民财富的重大损益！须审慎对待，应充分发挥利率、汇率等价格杠杆作用，顺应市场，实现政策有效微调。

第一节　人民币汇率市场化形成机制改革含义与功能诠释

一、改革的内涵

中共十八届三中全会明确提出要"完善人民币汇率市场化形成机制"，其含义是进一步完善以市场供求为基础，有管理浮动汇率制度，发挥市场供求在汇率形成中的决定性作用，提高国内外两种资源配置效率，以实现国际收支大体平衡或动态平衡。完善汇率市场化形成机制的操作原则是：主动性、可控性和渐进性。进一步而言：

（1）以市场供求为基础，就是要实现国际收支基本平衡（或动态平衡）。

第一，国际收支基本平衡，特别是经常项目的可持续是分析均衡汇率的重要基础。

第二，人民币均衡汇率主要取决于反映市场供求的国际收支基本平衡，而非很难测准的购买力平价。

第三，人民币汇率的升值预期源头是持续的国际收支双顺差格局。

（2）以市场供求为基础，对应着人民币均衡汇率。

第一，参考一篮子货币进行调节，对应于篮子货币汇率（NEER）。

第二，保持汇率在合理均衡水平上基本稳定，对应于人民币实际有效汇率。

第三，可尝试以贸易量为主要依据，确定各货币在货币篮子中的权重，计算人民币对一篮子货币进而保持名义有效汇率（NEER）稳定所要求的人民币对美元汇率作为目标汇率。经济过热情况下，可对目标汇率爬行升值，爬行速度与若干宏观变量相挂钩。

（3）涉及的主要问题。

第一，完善外汇市场的发展。中国外汇市场建设是人民币汇率形成机制改革的基础，需要进一步扩展外汇市场的广度和深度，真正形成开放性、非单调的外汇市场。

第二，提高汇率的灵活性。进一步增强人民币双向波动弹性，有序扩大人民币汇率浮动区间，真正实现人民币汇率中间价的有管理浮动。

第三，保持汇率在合理均衡水平上的基本稳定。明确确定合理的汇率水平的准确依据，以市场供求为基础，就是实现国际收支的大体平衡或动态平衡，均衡汇率对应于引入市场供求关系的汇率市场化形成过程。

第四，央行基本退出常态式外汇干预。进一步发挥市场供求在汇率形成中的决定性作用，对汇率异动进行预警和监测，对可能造成重大冲击的汇率异常波动进行必要干预。

二、改革方向与价值取向

党的十八届三中全会明确提出"加快实现人民币资本项目可兑换"，其与完善人民币汇率市场化形成机制的关系如下：

（1）资本项目可兑换将影响利率和汇率水平，缓解供求扭曲，促进正常市场价格的形成。目前，中国资本项下开放主要是本币开放，对外币仍然保持不可兑换。今后，两者将逐渐靠拢。届时外资没有人民币，可用美元购买，进而在买卖关系中人民币汇率更为市场化。同理，境外人民币调用到境内，市场化利率将会影响国内利率，利率市场化将进一步提升。

（2）货币自由兑换是汇率政策的一部分，与汇率均衡相辅相成。过去，资本项目管制放松主要体现在从境外向境内流入的自由化，下一步的方向将是审慎放松对资本流出的管制，这将会削弱人民币汇率单向变化的基础，促进其在双向波动中趋向合理均衡。

（3）实现资本项目开放意味着货币政策所受到的外部影响以及内外互动机制更为复杂，完善开放经济货币政策调控体系的重要性进一步凸显。在完善人民币汇率市场化形成机制，加快利率市场化改革的同时，还应进一步加强本外币政策协调，进而促进金融开放和经济可持续发展。

完善人民币汇率市场化形成机制，是货币政策与汇率政策相互协调，保障开放大国经济平稳运行的重要"滤波器"和"稳定器"，也是影响开放经济货币政策调控执行效力的关键所在，有利于：第一，化解人民币国际化进程中可能产生的风险，为经济转型提供必要的时间和稳定的金融环境；第二，增强货币政策的独立性，提高宏观金融调控的前瞻性、针对性和协同性；第三，提升要素价格的市场化和合理化，促进金融高效分配社会资源机制的形成；第四，打通金融血脉，保持币值稳定，降低企业成本，服务实体经济发展。

三、改革的主要标准

人民币汇率市场化形成机制改革是否成功的主要衡量标准包括：

（1）能否建设成真正意义上的银行间外汇市场，具有一定数量的交易主体，形成多层次的市场结构，具有相当大的交易规模。其中包括：第一，能否改变严格的市场准入，实现外汇市场由封闭性向开放性转变的现状。第二，能否改变交易品种稀少和交易方式单调的现状，进一步扩大银行间外汇市场交易量，使外汇交易数额占中国境内金融体量的比重进一步提升。第三，实现外汇交易价格反映境内符合条件的金融机构等的交易意向，逐步实现与国际汇市的交易价格接轨。

（2）能否实现汇率中间价为更多挂牌汇率中间价，均实行做市商直接报价的形成机制。其中包括：第一，能否改变现有汇率中间价报价隐含以人民币对美元汇率为中心的汇率形成机制，进一步减少人民币汇率对美元的依赖。第二，能否实现人民币对主要核心货币及对非主要国际储备货币直接挂牌直接交易。第三，能否突破人民币汇率中间价在外汇市场询价方式下加权平均而形成所导致的中间价波动受限，扩大汇率中间价形成机制中的市场作用，增大人民币汇率中间价弹性波动，实现中间价对汇率的牵引作用。

（3）能否实现保持汇率在合理均衡水平上的基本稳定。其中包括：第一，能否实现人民币有效汇率作为人民币汇率水平的参照系和调控的参考。第二，能否实现以国际收支平衡，特别是经常项目平衡作为均衡汇率的重要分析基础，实现人民币均衡汇率主要取决于国际收支大体平衡（而非难以测准的购买力平价）。第三，能否实现汇率形成机制改革"中间目标"的相互权衡，分别是"以市场供求为基础"对应"合理区间"，"参考一篮子货币调节"对应"篮子汇率"（即人民币名义有效汇率 NEER），"保持汇率在合理均衡水平上基本稳定"对应"中心汇率"（即人民币实际有效汇率 REER）。

（4）能否实现人民币汇率由市场供求决定，央行基本退出常态式外汇干预。其中包括：第一，能否降低央行在外汇市场中事实上的垄断地位，在市场经济的新发展阶段，能否实现由绝对控制向有效引导的转变。第二，在冲销干预的利弊权衡下，能否动员其他资源，逐步把大手购汇的外汇占款替代下来。第三，能否审时度势，对可能对国内金融市场、金融体系和国民经济带来重大冲击的人民币汇率异常波动及早预警，并进行及时必要的干预。

（5）能否实现国内外资源优化配置，促进国际收支大体平衡或动态平衡。其中包括：第一，在微观上，能否实现人民币汇率逐步趋于均衡下，企业技术水平和核心竞争力提升，能否增强实体经济应对外部冲击的弹性。第二，在宏观上，能否对国际收支趋向平衡发挥相应作用，是否对应于符合自身国民利益的参与全球资源配置的理想状态。第三，在汇率动态变化路径上，能否以人民币汇率为杠杆实现"升值强国"下的"中等收入陷阱"的超越。

四、尚待进一步研究破解的问题

完善人民币汇率市场化形成机制改革中还有一系列问题需要进一步研究，其中包括：

（1）如何把握改革的次序和逻辑？第一，人民币汇率改革应遵循一定次序，应渐次推进"商业银行金融机构改革"，"外汇管制解除"，"外汇市场建设"，"有管理浮动汇率回归"，"人民币资本项目可兑换"。第二，当前的重点在于进一步夯实中国外汇市场建设，以适时回归有管理浮动汇率制。第三，加快人民币资本项目可兑换，旨在提振信心。在当前人民币在资本项目下已实现开放，但在资本项下人民币与外币还不可兑换情况下，应继续实施与自身相适应的特别的金融账户自由化措施。一旦人民币对篮子货币汇率可以在区间内浮动，相关限制金融自由化的措施在减轻汇率压力方面发挥的作用就不那么大了。但就目前而言，资本项目可兑换的有关限制措施还应作为中国金融开放的最后一道"防火墙"，在此之前，更需要实现的是中国外汇市场的进一步发展，人民币汇率市场供求下有管理浮动以及国内金融市场稳健运行。

（2）如何理解和判断汇率均衡？第一，从理论和实践的长期、中期和短期来看，长期均衡汇率基于购买力平价，汇率升值路径与其拓展的"巴拉萨—萨缪尔森"效应有关；中期均衡基于国际收支大体平衡，"合理区间"与经常项目是否顺差，对外资产（外汇储备）是否持续增加有关；而短期均衡基于利率平价，与国际短期资本流动和汇率预期有关。第二，真正的均衡汇率只有在真正的市场中产生，有广度和深度的外汇市场是形成合理、均衡汇率水平的前提。理论与实践中最有说服力的均衡汇率应对应于国际收支大体平衡或动态平衡。第三，将以上不同机制统一在国际收支、外汇市场为中心的分析框架下，对现实汇率附加相关约束条件，可通过市场供求均衡分析，拟合"潜含"于"真正市场"中所要求的市场均衡汇率，并以此对比汇率失调，实现有管理浮动。

　　（3）如何实现汇率的有管理浮动？第一，以贸易量为主要依据确定各种货币在"篮子汇率"（NEER）中的权重，在此基础上，求解保持"中心汇率"（REER）基本稳定并且兼顾中短期市场供求所要求的"目标汇率"（人民币对美元双边汇率的基值）。第二，基于经常项目差额对 GDP 的合理均衡占比［CA/GDP］（如控制在 2% 至 3% 的区间内）以及人民币实际有效汇率（REER）对［CA/GDP］的影响弹性，确定"中心汇率"（REER）波动的"合理区间"。第三，综合人民币对美元汇率相对于"目标汇率"的失调，以及"篮子汇率"（NEER）相对于"合理区间"的边界突破，通过引导人民币对美元汇率中间价，在必要时吸纳市场超额供给或填补超额需求，从而将"篮子汇率"（NEER）引导到"合理区间"内，以实现人民币汇率动态目标区管理。

第二节　完善人民币汇率市场化机制改革的统筹思考

一、关注美国货币政策的战略转向及对我国的影响

历史经验和全球金融周期的运动机理表明，每当美国货币政策由

宽松转向时，通常会伴随新兴市场国家的危机。其诱因在于美国货币政策宽松时，资金大量流入新兴市场国家，导致其信贷膨胀、实际汇率升值，并出现资产价格泡沫。而当美国加息收紧货币政策时，资金流回美国，如果新兴市场国家资产出现货币贬值、泡沫破灭加之国际收支严重失衡，将引发货币危机甚至金融危机。

（1）美国 QE 退出意味着美国经济复苏，对国内总供求冲击基本可控。伴随来自美国的外需增加，在贸易渠道，中国对美出口将增加。美国 QE 退出，美元汇率升值会对大宗商品价格形成压制，国内从国外的进口价格（企业成本）将会降低。第一，综合总需求与总供给来看，尽管美国 QE 退出外部冲击所带来的通胀压力不大，但是通过金融投资渠道的风险不可小觑。中国在吸收大量海外直接投资的同时也推高了外债。尽管我国外债宏观风险可控，但债务短期化趋势已进一步凸显。第二，在促进贸易投资便利化的同时，应加强审慎管理，完善宏观审慎管理框架下的跨境资金流动管理体系，更大程度发挥市场机制调节跨境资金流动的基础性作用，实现贸易投资便利化和审慎管理的有机统一。第三，健全人民币产品的交易系列，扩大国民的金融选择权，"稳中有进"加快人民币资本项目可兑换，以人民币国际化合理引导预期，提振消费投资和人民币信心。

（2）美联储未来的加息冲击，可能触发我国跨境资金流动逆转。金融市场基于预期会快速调整，这意味着国际资本流动将加剧。为此，第一，在加快利率市场化的同时，协调好人民币资本项目可兑换进程，对流动性较强的资本市场和货币市场交易保留管理，作为金融开放的最后"防火墙"。第二，保持中国经济的平稳增长，合理投放货币，避免货币市场的过度波动。加快国内经济结构调整，合理控制自身的杠杆化。第三，保持国内资本市场和房地产市场稳健发展，推动资本市场双向开放，防范货币的息差交易，抑制过度的人民币套利和投机。

（3）美国货币政策战略转向，将支撑美元升值，影响人民币汇率。如果美元进入新一轮升值周期，国际资金将回流美国。伴随海外市场人民币贬值预期加大，人民币汇率单边升值预期可能分化，甚至出现阶段性贬值。对此，应密切关注，理性看待。特别是在美联储加息前，国内外利差基本稳定为正情况下，第一，人民币对美元汇率适当贬值，汇率波动幅度适时增加，有助于抑制热钱流入，顺势调整投机性跨境资金流出。第二，应在此基础上，加快人民币与美元的脱钩，增强中美双边汇率中间价动态，实现人民币对一篮子货币有效汇率基本稳定。第三，完善人民币汇率 BBC 制度，即参考货币篮子调节，在合理有效区间内浮动，实现中心汇率在市场与政府的双重作用下可爬行调整。

二、明确货币政策调控机制中人民币汇率市场化形成机制的地位作用

随着中国经济进入新的发展阶段和新常态，开放条件下货币政策的经济金融约束条件已发生变化，特别是在全球经济失衡和金融危机下人民币汇率形成机制改革和人民币国际化稳步启动，汇率政策在人民币参考一篮子货币有管理浮动中已从过去的从属状态逐渐独立出来，人民币汇率市场化形成机制在货币政策调控机制中的地位和作用问题也就自然产生。而在人民币汇率升值预期及结售汇管理下，微观行为主体资产选择持有本币，外汇集中到央行，进而央行资产配置的外化程度升高。2001 年，我国央行总资产中"国外资产"占比 41.01%，到 2010 年该比重已上升到 83.09%。[①] 与此同时，人民币币值面临"被动"超发的挑战，本外币政策协调压力也越来越大。如何协调好汇率目标与货币目标，从而"管好货币、稳定币值"，成为影响货币政策调控执行效力的关键所在。

（1）汇率可作为货币政策的中介目标、操作目标或操作工具，央行通过引导实际有效汇率与利率、信贷等工具的有效协调，实现本国货币条件的相关稳定。例如，当通胀较高时，央行可将实际有效汇率的升值幅度控制在国内外通胀差的水平上，同时配合利率等其他货币政策工具，抑制国内通胀。而当汇率波动较大时，其他货币政策工具

① 王国刚：《中国货币政策调控工具的操作机理：2001～2010》，《中国社会科学》2012 年第 4 期。

或目标也需要对汇率较大波动作出反应。①

（2）保持人民币汇率在合理均衡水平上的基本稳定，是中国货币政策长期以来所一直强调的重要内容。汇率的合理均衡水平之所以重要，是因为它不但是各方评判汇率高估或低估的基础，也是央行制定汇率政策以及实现本外币政策协调的参考。在人民币汇率市场化进程中，外汇市场代表性行为主体基于其所认可的货币汇率合理价位形成对未来人民币汇率走势的预期，进而完成其本外币资产选择过程，并且在央行参与下形成外汇供求的相互作用。在此过程中，现实中的汇率在市场主体的货币汇兑中得以体现，其相对于合理均衡水平的波动与偏离（即汇率失调）反映了市场和政策之间的相互平衡，而微观层面市场代表性行为主体的本外币资产选择又会影响宏观层面央行的本外币资产持有。

（3）人民币国际化趋势与人民币汇率动态，前者首先是一个动态过程，并且成为后者及中国未来货币战略的重要大背景。因此，在不同阶段其目标与表现形式会发生动态改变，就其中的核心变量"汇率"而言，人民币国际化需要汇率在短期内稳中有升，中长期内实现均衡复归进而完全浮动。对应于此，在中长期，货币政策立足于内部平衡的实现，汇率市场化形成机制引导均衡汇率复归并靠拢到货币政策所要求的合意区间。在短期内，通过恰当的货币调控与政策协调机制，实现合意汇率水平的基本稳定，进而为将来的汇率制度转换创造更为有利的空间。

（4）汇率升降变动只要是与市场基本趋势相吻合，只要在短期内不过于剧烈，那就是可接受的，中央银行也因此可以减少对人民币外汇市场的日常性干预操作，更加集中精力关注国内货币政策操作，提高货币政策操作的灵活性和有效性。当然，放松实需交易原则并不等于放任市场、完全不管。货币当局可以通过制定交易规则、监测交易、分析交易信息等对市场实施监管，在特殊时期也可以直接入市买卖

---

① 胡乃武、郑红：《汇率在货币政策中的作用：理论研究与国际经验》，中国人民大学出版社2013年版。

（所谓的入市干预），维持汇率的相对稳定和防止汇率大起大落。此外，参考一篮子货币进行调节的有管理浮动汇率制在给予央行更多决定汇率水平灵活性的同时，汇率的灵活性是否增加取决于央行在维持有效汇率稳定和人民币对美元汇率稳定两个目标中的偏好。[①]

总的来看，作为大国开放经济，汇率应作为货币政策工具而非目标。中国需要优先考虑的是内部平衡问题，对于人民币汇率市场化形成机制改革，应将其作为经济运行的结果。一方面，要发挥市场配置资源的决定性作用，加快外汇市场发展和资本项目可兑换，进一步完善人民币汇率市场化形成机制；另一方面，建立健全宏观审慎框架下的外债和资本流动管理体系，央行适时适度干预，以烫平外汇市场发挥其逆周期调节功能。[②]

三、加强本外币政策协调，有序实现人民币资本项目可兑换

资本项目可兑换将影响利率和汇率水平，缓解供求扭曲，促进正常市场价格的形成。目前，中国资本项下开放主要是本币开放，但对外币仍然保持不可兑换。今后，两者将逐渐靠拢。届时外资没有人民币，可用美元购买，进而在买卖关系中人民币汇率更为市场化。同理，境外人民币调用到境内，市场化利率将会影响国内利率，利率市场化将进一步提升。

货币自由兑换是汇率政策的一部分，与汇率均衡相辅相成。过去，资本项目管制放松主要体现在从境外向境内流入的自由化，下一步的方向将是放松对资本流出的管制，这将会削弱人民币汇率单向升值的基础，促进其在双向波动中趋向合理均衡。实现资本项目开放意味着货币政策所受到的外部影响以及内外互动机制更为复杂，完善开放经济货币政策调控体系的重要性进一步凸显。在完善人民币汇率市场化形成机制，加快利率市场化改革的同时，还应进一步加强本外币政策协调，进而促进金融开放和经济可持续发展。

---

① 余永定：《见证失衡：双顺差、人民币汇率和美元陷阱》，生活·读书·新知三联书店 2010 年版。
② 管涛：《大国汇率政策选择：超越汇率形成机制改革的深度思考》，《新金融评论》2014 年第 3 期。

加强本外币政策协调，主要包括货币政策与汇率政策（及宏观审慎政策）相协调。从时空条件与政策诉求看，在人民币国际化初期，进入后金融危机时代，全球经济金融格局不断调整，包括局部冲突和战争频发，使得中国的外部环境存在诸多挑战。这些影响因素，又会反馈到国内经济层面，从而增加中国经济转型以及应对短期经济调控的难度。

（1）开放经济货币政策调控面临较大压力。表现为：第一，中央银行资产负债表资产外化程度较高（外汇储备占比过多，存在"美元陷阱"问题）；第二，冲销干预"被动发钞"外汇政策成本巨大并且不可持续；第三，在利率、汇率和资本回报率的三因素作用下，货币政策易陷入"自我循环"，有效性受到制约。

（2）境外套利投机资金通过贸易、商业信用等渠道进入境内的现象普遍存在且屡禁不止。伴随短期跨境资本波动上升，境外市场的人民币需求难以调控，对国内流动性影响上升。国内金融市场缺乏广度、深度和弹性，以及市场化进程中的利率汇率双轨制导致套利空间存在，反过来又倒逼国内汇率利率市场化改革。

（3）面临"三元冲突"的协调问题。要实现中国经济持续增长和兼顾就业的目标约束，需要相对稳定的汇率机制来保持外需拉动；但是，汇率稳定机制在国际汇率和短期资本流动不稳定性日益加强的背景下，又需要外汇管制和央行介入外汇市场来维持；而外汇管制的存在，则意味着人民币还不能成为真正意义上的国际化货币。

可以预见，随着人民币加快实现资本项目可兑换，上述"三元冲突"的协调问题将更加突出。伴随境内外金融机构获取人民币的途径被拓宽以及金融项下的跨境人民币使用范围的不断拓展，央行继续以货币供应量作为货币政策中介目标的有效性将会受到影响。中国需要加快货币政策调控由数量型向价格型转变，积极应对本外币政策协调的更大挑战。

四、加快推进利率市场化，扩大金融机构利率自主定价权

利率市场化直观上意味着：一是让利率真正由市场定价，二是应

使存贷款在中国金融体系中占比大幅下降。这将改变金融机构以存款利率为基准进行定价的格局，进而回到十八届三中全会所讲的国债收益率曲线上。对利率市场化的基本标准，首先，应强调的是：旨在降低实体企业的融资成本，减少金融为自身服务的自我循环。其次，在利率市场化的进程中，有三个方面的问题需要得到三位一体的解决，否则就谈不上是利率市场化。①商业银行的资产结构、业务结构、盈利模式必须转型；②居民和企业的金融选择权需要进一步丰富；③货币政策调控机制从依靠行政机制的直接调控向运用市场机制的间接调控转变。[1] 培育市场基准是中国进一步推进利率市场化在浅层次上的必要条件，而产权清晰和所有制多元化、打破垄断、有序退出、预算硬约束则是在更深层次上的必要条件。[2] 利率市场化的前提是"去行政化"，利率应由市场决定，但目前中国还存在央行行政指令控制利率，应给银行更多的操作空间。[3][4][5] 这意味着市场取代货币当局成为利率定价主体的过程，改革的进度与成败更多地取决于金融机构自身定价体系建设情况。[6]

（1）以宏观审慎性标准作为标尺。对于达到宏观审慎性标准的金融机构应予以更大的自主定价权。[7] 以建立健全竞争秩序的自律管理作为过渡，让上述机构实行利率自主定价。同时，继续培育市场基准利率体系，健全中央银行利率调控机制，引导金融机构提高利率定价能力。[8]

（2）建设较为完善的市场利率体系。进一步提升市场基准利率的使用范围和影响力，培育上海银行间同业拆借利率（SHIBOR）和贷

① 王国刚：《利率市场化改革与利率调控政策研究课题工作简报》第4期，2012国家社会科学基金重大项目，2013年9月。

②⑥ 易纲：《中国改革开放三十年的利率市场化进程》，《金融研究》2009年第1期。

③ 王国刚：《弱行政化是利率汇率市场前提》，《经济参考报》2012年1月19日。

④ 尼古拉斯·拉迪：《利率应由市场决定》，《金融治理改革与实体经济发展》，2012年陆家嘴论坛会后刊，2012年6月。

⑤ 乔虹：《利率政策不妨从"逆周期"角度去考虑》，《金融治理改革与实体经济发展》，2012年陆家嘴论坛会后刊，2012年6月。

⑦ 周小川：《关于推进利率市场化改革的若干思考》，中国人民银行官网，2012年1月12日。

⑧ 周小川：《国际金融危机：观察、分析与应对》，中国金融出版社2012年版。

款基础利率（LPR），完善货币市场和信贷市场的基础利率报价机制，强化金融市场基础利率体系建设。

（3）探索央行的利率体系。逐步建立通过调整央行政策利率，影响市场的基准利率，进而引导和调控各类市场利率的利率传导机制。从理论和发达国家的实践来看，利率市场化后央行的政策利率选择一般是为一种短期的货币市场利率设定一个目标。结合中国目前的情况，有真实交易的价格基础且有抵押的回购利率（Repo）接近无风险利率，且市场接受度高、市场份额也高于无抵押的同业拆借利率，也可作为政策利率的设立目标的对象。[1] 而在存贷款基准利率逐步取消后，央行将设定短期利率区间，当利率波动超出区间的上下限时，央行通过向金融机构进行注资、抽资，以使利率重归波动范围的中值。

（4）进一步提高金融机构的自主定价能力。建立公平、公正、充分竞争的约束激励机制，在 2013 年放开贷款利率上限的基础上，取消所有金融机构人民币贷款基准利率。通过大额存单方式，逐步提高金融机构负债产品定价的市场化程度，探索存款利率市场化的路径。[2]

（5）逐步放开替代性金融产品价格。[3] 发展存贷款的替代品其含义是，要让各种直接金融工具与资金供给者和需求者直接见面。只有这样，才能对间接金融业务构成竞争，从而促进利率市场化。如果大量发展存贷款的替代品（如直接金融工具等），未来五年内是否会出现如下情况：一是使居民部门新增存款为零；二是银行的新增贷款为零；三是存款余额和贷款余额的绝对额下降；四是存贷款替代品的市场余额总量等于存贷款的余额量。如果真的出现这四种情况，则 M1、M2 的增量都将大幅下降，甚至货币的统计方式及调控方式都要作出相应的调整。[4]

（6）逐步取消存款利率上限。适当精简存款基准利率的档次，分

---

① 何东等：《中国利率何处去——利率市场化后政策利率的制定与操作》，香港金融管理局工作论文，2014 年。

② 胡晓炼：《金融资源市场化改革要点》，《财经》2014 年第 1 期。

③ 易纲：《扩大金融业对内对外开放》，《经济日报》2013 年 11 月 20 日第 4 版。

④ 王国刚：《利率市场化改革与利率调控政策研究课题工作简报》第 4 期，2012 国家社会科学基金重大项目，2013 年 9 月。

步实施存款利率市场化，对大额定期存款，研究设定额度限制，以有效控制风险。切实扩大金融机构在竞争性市场中的自主定价权，真正实现金融机构等市场主体通过在竞争性市场中自主定价，发现和决定市场的均衡利率，从而全面实现利率市场化。

第三节　完善人民币汇率市场化形成机制的对策建议

人民币汇率机制之所以重要，是因为这是我国诸多经济难题的源头问题，人民币国际化也受其制约。目前，现行人民币汇率形成机制的内容及特点是：①按照我国对外经济发展的实际情况，选择若干主要货币，赋予相应权重，组成货币篮子；②根据国内外金融形势，以市场供求为基础，参考一篮子货币多边汇率指数的变化，对人民币汇率进行管理和调节；③维护人民币汇率在合理均衡水平上的基本稳定。在此基础上，应加快人民币汇率机制平衡转轨，保持人民币币值稳定，稳步走上大国货币复兴之路：第一，尽快化解存量泡沫，逐步化解过剩产能，觅得新的增长动力，是保持人民币币值稳定，促进经济增长，人民币走向真正大国货币的必由之路。第二，微观上，实现人民币汇率合理均衡，促进企业技术和核心竞争力提升，增强实体经济应对外部冲击的弹性。宏观上，实现人民币汇率动态稳定对国际收支趋向平衡发挥相应作用，并且对应于符合自身国民利益和参与全球资源配置的理想状态。第三，可参照 SDR 一篮子货币，保持人民币汇率在合理、均衡水平上基本稳定，实现人民币汇率指数对美元汇率指数"标而不盯"，人民币兑美元汇率双向波动。在路径上，实现人民币实际汇率"升值强国"下的"中等收入陷阱"超越。为此，还应重在进一步完善人民币汇率市场化形成机制，包括人民币基准汇率形成，央行对外汇市场的常态式干预减少，开放条件下央行货币政策调控优化，以及外汇市场建设与发展。

一、减少央行常态式干预

（1）坚持和优化汇率政策目标，保持人民币汇率在合理均衡水平上的基本稳定。保持人民币汇率稳中有升，促进人民币汇率趋向合理均衡后再转向浮动有助于实现人民币资产需求的跟进与提升。为了经济可持续发展，国家仍需要维持竞争性的汇率，即加强国际竞争力、强化增长潜力仍然是汇率政策的核心所在。因此，应采取渐进推进策略，避免跨境短期资本大规模进出对金融体系形成较大冲击，创造一定的时间条件使得国内微观经济主体适应汇率波动并消化汇率变动的压力。

（2）加快建立人民币汇率目标区，实现人民币汇率制度动态转换。在现有人民币汇率形成机制改革基础上，需要进一步明确均衡实际汇率（中心汇率平价）的合理方式，在确定中心平价基础上尝试对实际汇率进行具有一定浮动区间的目标区管理，实现有管理浮动汇率安排下人民币实际汇率在合理均衡区间内的动态稳定。央行对此汇率目标区进行调控，当汇率偏离中心幅度较大时再进行干预。在此过程中，实现汇率向中心汇率靠拢，逐步减少央行常态式干预，使得汇率在自身预期和央行干预下在目标区内动态波动。

（3）进一步加大人民币汇率合理的弹性波动区间。伴随资本项目自由化，人民币汇率风险溢价灵活伸缩，人民币对美元名义汇率将更正确地反映经济基本面走向，并且呈现汇率区间内上下双向波动的自由浮动态势。将扩大汇率波幅作为增强汇率弹性的重要制度改进，根据市场供求状况引导人民币汇率双向波动。通过增强汇率弹性有效抑制短期资本持续大规模的流动，消除对人民币汇率波动的单边预期。结合跨境资本流动状况，进一步增强人民币汇率弹性。

（4）完善人民币汇率形成机制改革，核心在于人民币汇率中间价的形成。进一步加强人民币汇率中间价基于多方询价、协商的基础，突出价格指标参与主体是多元组合，进一步加快去美元化进程，降低单一盯住美元，进而更好地体现出多币种各交易品种的权重差异。通过央行对事前汇率变化的前瞻性预测和事后的汇率评估把握汇率变动趋势，促进市场一致预期的形成，兼顾货币供应量增长的连续性来稳定经济主体的预期，为在货币市场与外汇市场的后续调控创造政策空间。

二、健全货币政策调控机制

（1）明确目标。形成以促内需的货币政策为主导，以促外需的汇率政策为辅助，实现货币政策与汇率政策相互协调下利率市场化与汇率市场化良性互动。针对内外需协调，理性的目标应是寻求可持续的内部均衡，允许短期内国际收支失衡为"减震器"并在"中期"趋向平衡。当通胀压力较大时，适时维持一个较强势的汇率，以辅助抑制通胀；经济下行压力较大时，对市场力量走弱，顺势而为，适时维持较低的利率和汇率，以支持实体经济发展。

（2）注重工具协调。利率和汇率作为更具有弹性的货币政策工具，应在货币政策中充当主要调控工具并密切配合，以保持物价稳定。以增大汇率弹性为抓手，建立外部冲击与国内经济间缓冲带，实现汇率的动态稳定，加快汇率机制平衡转轨。完善货币供应量中期控制基础上的货币政策，逐步实现人民币基础货币开放式循环向封闭式循环的转变。转变规范基础货币的发行机制，进一步完善人民币境内循环的回流机制，尝试转向政府依据本国信用发行国债，央行通过买卖国债在公开市场上调节货币量和利率，使得人民币基础货币在封闭式循环中运行。围绕此目标，展开汇率市场化、利率市场化及人民币资本项目开放的稳步推进。

（3）加快货币政策数量型工具调控向价格型工具调控转变。中央银行应增强信誉，强化预期引导。央行应结合人民币币值预期自我实现与自强化特点，积极发挥汇率与利率的经济杠杆调控功能，结合人民币汇率形成机制改革，在发达经济体量化宽松低利率背景下，在国内外投资收益率和融资成本存在较大息差的情况下，面对跨境套利机会的增多，在跨境人民币输出和回流过程中，加强国内资本流动的控制和监管；应不对称地放开外部资本账户控制，控制资本流入和流出，防止对人民币汇率的单向投机导致热钱冲击。在此过程中，应注重国内相对于美国、欧盟和日本的生产率变化以及货币结构变化差异，特别是控制好国内准货币（属于资产性货币）与狭义货币（属于交易性货币）之比，结合汇率形成机制改革对微观经济层面特别是企业的影响的动态情景分析，对汇率浮动过程遵循渐进、适度、自主原则进行动态调整。

三、优化外汇市场建设与发展

（1）从中国外汇市场组织的经济效率出发，应大力拓展市场参与者的层次结构。提升更多有实力的商业银行在外汇市场中的地位，逐步吸收非银行金融机构释放的本币和外汇风险敞口头寸，实现外汇市场扩容。促进企业居民自主地决定外汇供需，在此基础上，促进合理的市场汇率的形成。应进一步优化中国外汇交易中心的资源配置功能，大力发展银行间人民币远期、掉期市场，促进外汇市场定价效率的提升，促进人民币汇率理性回归。伴随交易品种不断增加，交易主体逐渐成熟，自主定价能力增强，微观主体能够承受更大的汇率波动弹性，从而进一步发挥市场机制在汇率形成中更大的决定性作用。

（2）切实拓宽市场深度和广度。在金融市场深度上，应加大人民币债券市场和外汇市场的发展力度，扩大金融市场整体规模，提高市场流动性。在金融市场广度上，应进一步加快金融市场创新，提供多样化的人民币产品，进而增强人民币金融资产的吸引力。通过加强和进一步完善债券市场，为回流人民币提供安全稳定的资产池。在风险可控的条件下，为国内外投资者提供更丰富的人民币产品和投资选择。未来还需要进一步扩大汇率的波动幅度，来刺激企业避险的需求，从而刺激避险企业的发展伴随外汇市场基础设施趋于完善。

（3）采取人民币汇率市场化、利率市场化和资本项目审慎开放交叉推进方式，促进人民币国际化可持续发展。我国货币金融经济与实体经济相互匹配的关键在于调整内外经济关系失衡，其中的人民币汇率问题是纲领性问题。鉴于我国的货币政策实际上主要是负债管理，即在外汇资产发生变化时，央行负债方结构被动调整，从而人民币汇率市场化也是解决我国货币发行机制问题的关键所在。综合考虑国内外货币经济条件因素，人民币汇率市场化亟待进一步推进。这不仅是我国涉外金融的重要任务，也是扩大跨境人民币使用、促进人民币成为国际货币的基础性制度要求。因此，当务之急是在人民币成为区域化和国际化货币初级阶段，加快汇率市场化以降低外部不平衡，解决我国基础货币发行机制问题；加快利率市场化促进货币政策逐渐由数量调控向价格调控转变并实现本外币政策协调，协同推进汇率市场化、利率市场化及人民币资本项目审慎开放，为最终实现人民币资本项目可兑换做好准备。

参考文献

［1］《马克思恩格斯选集》（第二卷），人民出版社 2012 年版。

［2］《人民币国际化报告（2015 年)》，中国人民银行官方网站，ht-tp：//www. pbc. gov. cn/goutongjiaoliu/113456/113469/2879196/index. html，2015 年 6 月 11 日。

［3］《中共中央关于制定国民经济和社会发展第十二个五年规划的建议》辅导读本，人民出版社 2010 年版。

［4］《中共中央关于制定国民经济和社会发展第十三个五年规划的建议》辅导读本，人民出版社 2015 年版。

［5］《中共中央国务院关于构建开放型经济新体制的若干意见》，人民出版社 2015 年版。

［6］《中华人民共和国国民经济和社会发展第十三个五年规划纲要》，《人民日报》2016 年 3 月 18 日第 15 版。

［7］《中央经济工作会议在北京举行》，《人民日报》2014 年 12 月 12 日第 1 版。

［8］安烨、张国兵：《人民币对一篮子货币汇率的波动——非线性 Fourier 函数分析》，《国际金融研究》2012 年第 2 期。

［9］巴曙松、吴博、朱元倩：《关于实际有效汇率计算方法的比较与评述——兼论对人民币实际有效汇率指数的构建》，《管理世界》2007 年第 5 期。

［10］保罗·R. 克鲁格曼、茅瑞斯·奥布斯特费尔德：《国际经济学：理论与政策》（第八版），中国人民大学出版社 2011 年版。

［11］卜永祥：《中国外汇市场压力和官方干预的测度》，《金融研究》2009 年第 1 期。

［12］陈彪如、马之騆：《国际金融学》（第三版），西南财经大学出版社 2000 年版。

［13］陈彪如：《国际金融概论》（增订版），华东师范大学出版社 1991 年版。

［14］陈彪如等：《人民币汇率研究》，华东师范大学出版社 1992 年版。

［15］陈岱孙、厉以宁：《国际金融学说史》，中国金融出版社 1991 年版。

［16］陈蓉、郑振龙：《结构突变、推定预期与风险溢酬：美元/人民币远期汇率定价偏差的信息含量》，《世界经济》2009 年第 6 期。

［17］陈学彬、王培康、庞燕敏：《复旦人民币汇率指数的开发和应用研究》，《复旦学报》（社会科学版）2011 年第 2 期。

［18］陈雨露、王芳、杨明：《作为国家竞争战略的货币国际化：美元的经验证据——兼论人民币国际化问题》，《经济研究》2005 年第 2 期。

［19］陈雨露：《一带一路与人民币国际化》，《中国金融》2015 年第 19 期。

［20］陈雨露：《国际金融精编版》（第五版），中国人民大学出版社 2015 年版。

［21］陈云、陈浪南、林伟斌：《人民币内向均衡实际汇率与错位测算：1997－2007》，《统计研究》2009 年第 3 期。

［22］程炼：《对外投资风险防范》，《中国金融》2015 年第 3 期。

［23］戴相龙：《领导干部金融知识读本》（第三版），中国金融出版社 2014 年版。

［24］丁剑平、吴文、陈露：《从价值尺度的历史视角看货币国际化的机遇》，《国际金融研究》2012 年第 9 期。

［25］丁志杰、郭凯、闫瑞明：《非均衡条件下人民币汇率预期性质研究》，《金融研究》2009 年第 12 期。

[26] 樊纲、王碧珺、黄益平:《区域内国家间储备货币互持——降低亚洲各国外汇储备风险的一个建议》,载黄益平等:《超越奇迹:变革世界的中国改革》,北京大学出版社 2012 年版。

[27] 范从来、邢军峰:《全球失衡的新解释:资产短缺假说》,《学术月刊》2013 年第 2 期。

[28] 范从来:《开放经济货币政策研究》,商务印书馆 2010 年版。

[29] 范小云、肖立晟、方斯琦:《从贸易调整渠道到金融调整渠道——国际金融外部调整理论的新发展》,《金融研究》2011 年第 2 期。

[30] 苟琴、王戴黎、鄢萍、黄益平:《中国短期资本流动管制是否有效》,《世界经济》2012 年第 2 期。

[31] 谷宇、高铁梅、付学文:《国际资本流动背景下人民币汇率的均衡水平及短期波动》,《金融研究》2008 年第 5 期。

[32] 顾海良:《画说〈资本论〉》,二十一世纪出版社 2009 年版。

[33] 管涛:《大国汇率政策选择:超越汇率形成机制改革的深度思考》,《新金融评论》2014 年第 3 期。

[34] 管涛:《多重均衡模式与近期人民币汇率波动》,《中国货币市场》2014 年第 6 期。

[35] 管涛:《构建国际收支平衡市场化机制》,《中国金融》2014 年第 1 期。

[36] 管涛:《协调推进人民币离岸与在岸市场发展》,《中国金融》2013 年第 17 期。

[37] 国家发展改革委、外交部、商务部:《推动共建丝绸之路经济带和 21 世纪海上丝绸之路的愿景与行动》,人民出版社 2015 年版。

[38] 国家外汇管理局:《外汇管理概览》,http://www.safe.gov.cn,2009 - 12 - 04。

[39] 国家外汇管理局国际收支司:《诠释国际收支统计新标准》,中国经济出版社 2015 年版。

[40] 韩剑、陈继明、李安娜:《资本流入激增会诱发突然中断

吗？——基于新兴市场国家的实证研究》，《金融研究》2015 年第 3 期。

［41］韩龙：《美元崛起及对人民币国际化的启示》，《国际金融研究》2012 年第 10 期。

［42］何帆：《人民币国际化的现实选择》，《国际经济评论》2009 年第 7~8 期。

［43］河合正弘等：《资本流动管理：亚洲新兴经济体近期的经验教训》，《国际经济评论》2012 年第 5 期。

［44］贺刚：《人民币汇率严重低估了吗?》，《国际金融研究》2012 年第 2 期。

［45］胡春田、陈智君：《人民币是否升值过度？——来自基本均衡汇率（1994 – 2008）的证据》，《国际金融研究》2009 年第 11 期。

［46］胡乃武、郑红：《汇率在货币政策中的作用：理论研究与国际经验》，中国人民大学出版社 2013 年版。

［47］胡晓炼：《金融资源市场化改革要点》，《财经》2014 年第 1 期。

［48］胡晓炼：《实行有管理的浮动汇率制度是我国的既定政策》，中国人民银行官方网站，2010 年。

［49］胡晓炼：《跨境投融资人民币业务：政策与实务》，中国金融出版社 2013 年版。

［50］胡宗义、刘亦文：《人民币国际化的动态 CGE 研究》，《当代经济科学》2009 年第 11 期。

［51］黄志刚、陈晓杰：《人民币汇率波动弹性空间评估》，《经济研究》2010 年第 5 期。

［52］黄志刚：《货币政策与贸易不平衡的调整》，《经济研究》2011 年第 3 期。

［53］姜波克、莫涛：《巴拉萨汇率理论的一个修正》，《金融研究》2009 年第 10 期。

［54］姜波克：《均衡汇率理论和政策的新框架》，《中国社会科学》2006 年第 1 期。

［55］姜波克：《国际金融新编》（第五版），复旦大学出版社2012年版。

［56］姜波克：《国际金融学》，高等教育出版社1999年版。

［57］姜波克：《均衡汇率理论和政策新框架》，《中国社会科学》2006年第1期。

［58］金雪军、陈雪：《人民币汇率风险溢价波动的状态转换研究》，《浙江大学学报》（人文社会科学版）2011年第9期。

［59］金雪军、王义中：《人民币汇率升值的路径选择》，《金融研究》2006年第11期。

［60］金中夏、陈浩：《利率平价理论在中国的实现形式》，《金融研究》2012年第7期。

［61］金中夏、洪浩：《国际货币环境下利率政策与汇率政策的协调》，《经济研究》2015年第5期。

［62］金中夏：《中国资本账户开放与国际收支动态平衡》，《国际经济评论》2013年第3期。

［63］李滨：《马克思主义的国际政治经济学研究逻辑》，《世界经济与政治》2015年第7期。

［64］李波、邢毓静、郑红等：《国际汇率监督——规则的嬗变》，中国金融出版社2012年版。

［65］李超：《国际货币基金组织资本流动管理框架的转变及其启示》，《国际经济评论》2013年第5期。

［66］李翀：《马克思主义国际经济学的构建》，商务印书馆2009年版。

［67］李稻葵、刘霖林：《人民币国际化：计量研究及政策分析》，《金融研究》2008年第11期。

［68］李红岗、黄昊、叶欢：《实际有效汇率：衡量方法与实践运用》，《金融研究》2010年第7期。

［69］李敏、王相宁、缪柏其：《基于Markov区制转移模型的人民币实际有效汇率波动机制》，《中国科学技术大学学报》2010年第6期。

［70］李绍荣、李四光：《中国和东盟人民币贸易结算的经济学分析》，《经济研究》2010 年第 2 期。

［71］李天栋、张卫平、薛斐：《国际美元本位制能继续维系吗?》，《统计研究》2010 年第 8 期。

［72］李晓：《东亚货币合作为何遭遇挫折?》，《国际经济评论》2011 年第 1 期。

［73］李晓峰：《人民币汇率预期特征研究——给予调查数据的实证分析》，《国际金融研究》2011 年第 12 期。

［74］李扬、张晓晶：《失衡与再平衡——塑造全球治理新框架》，中国社会科学出版社 2013 年版。

［75］林楠：《"一带一路"金融运作的核心精神》，《中国外汇》2015 年第 9 期。

［76］林楠：《2013 年的中国国际收支》，载李扬、王国刚主编：《中国金融发展报告（2014）》，社会科学文献出版社 2013 年版。

［77］林楠：《2014 年的中国国际收支》，载李扬、王国刚主编：《中国金融发展报告（2015）》，社会科学文献出版社 2014 年版。

［78］林楠：《2015 年的中国国际收支》，载殷剑峰主编：《中国金融发展报告（2016）》，社会科学文献出版社 2015 年版。

［79］林楠：《汇率博弈下人民币实际汇率动态与政策空间研究》，《经济学动态》2013 年第 1 期。

［80］林楠：《汇率动态与总供求视角下人民币均衡实际汇率》，《金融评论》2013 年第 6 期。

［81］林楠：《马克思主义政治经济学国际收支分析：文献综述》，《金融评论》2016 年第 3 期。

［82］林楠：《人民币汇率动态的价值基底：理论与测算》，《金融评论》2015 年第 4 期。

［83］林楠：《完善人民币汇率市场化形成机制》，载王国刚等著：《中国金融体系改革的总体框架和可选之策》，中国社会科学出版社 2015 年版。

［84］刘国光：《中国经济体制改革的模式研究》，中国社会科学

出版社 2009 年版。

［85］刘鹤：《两次全球大危机的比较研究》，中国经济出版社 2013 年版。

［86］刘元春、栗亮：《人民币对港币替代性问题研究》，《中国人民大学学报》2013 年第 5 期。

［87］龙泉、刘红忠：《人民币国际化与离岸市场发展之鉴》，《新金融》2013 年第 3 期。

［88］卢锋：《人民币实际汇率之谜》，《经济学季刊》2006 年第 3 期。

［89］鲁迪格·多恩布什、斯坦利·费希尔、里查德·斯塔兹：《宏观经济学》（第十版），王志伟译校，中国人民大学出版社 2010 年版。

［90］陆前进：《人民币汇率增加弹性和参考一篮子货币汇率形成机制研究》，《数量经济技术经济研究》2011 年第 11 期。

［91］马君潞、陈平、范小云：《国际金融》，科学出版社 2005 年版。

［92］马克思：《资本论》（第一卷），人民出版社 2004 年版。

［93］马寅初：《通货新论》，商务印书馆 2010 年版。

［94］穆志谦：《国际收支将持续趋于平衡——对话国家外汇管理局副局长王小奕》，《中国外汇》2014 年第 13 期。

［95］倪克勤、赵颖岚、徐凤：《劳动生产率对我国贸易收支的传导效应研究》，《经济研究》2011 年第 10 期。

［96］牛娟娟：《人民银行研究局首席经济学家马骏：人民币已成为全球 47 个央行的储备资产》，《金融时报》2015 年 9 月 11 日。

［97］潘英丽、吴君：《体现国家核心利益的人民币国际化推进路径》，《国际经济评论》2012 年第 3 期。

［98］裴长洪、余颖丰：《人民币离岸债券市场现状与前景分析》，《金融评论》2011 年第 2 期。

［99］钱荣堃、陈平、马君潞：《国际金融》，南开大学出版社 2002 年版。

［100］秦朵、何新华：《人民币失衡的测度：指标定义、计算方法及经验分析》，《世界经济》2010 年第 7 期。

［101］孙国锋、孙碧波：《人民币均衡汇率测算：基于 DSGE 模型的实证研究》，《金融研究》2013 年第 8 期。

［102］孙国锋：《资本输出：人民币国际化的战略选择》，《比较》2014 年第 6 期。

［103］谭小芬、龚力丹、杨光：《非贸易品相对价格能解释人民币双边实际汇率的波动吗》，《国际金融研究》2015 年第 8 期。

［104］汪涛、胡志鹏、翁晴晶：《变化的国际收支与波动的资本流动》，《银行家》2013 年第 6 期。

［105］汪洋：《构建开放型经济新体制》，载《〈中共中央关于全面深化改革若干重大问题的决定〉辅导读本》，人民出版社2013 年版。

［106］王爱俭、林楠：《人民币均衡汇率测算与应用研究》，《金融研究》2013 年第 7 期。

［107］王爱俭、林楠：《人民币名义汇率与利率的互动关系研究》，《经济研究》2007 年第 10 期。

［108］王爱俭、林楠：《虚拟经济与实体经济视角下的人民币汇率探究》，《金融研究》2010 年第 3 期。

［109］王爱俭等：《20 世纪国际金融理论研究：进展与评述（修订版）》，中国金融出版社2013 年版。

［110］王春英：《夯实做市商制度建设　协力推进外汇市场发展》，《中国货币市场》2014 年第 7 期。

［111］王广谦：《20 世纪西方货币金融理论研究：进展与评述（修订版）》，经济科学出版社2010 年版。

［112］王国刚：《"一带一路"：基于中华传统文化的国际经济理论创新》，《国际金融研究》2015 年第 7 期。

［113］王国刚：《经济持续下行不是"新常态"》，《中国金融》2015 年第 15 期。

［114］王国刚：《实现金融交易可兑换时机尚未成熟》，《中国证券报》2014 年 2 月 24 日。

［115］王国刚：《中国货币政策调控工具的操作机理：2001 - 2010》，《中国社会科学》2012 年第 4 期。

［116］王国刚：《中国货币政策目标的实现机理分析：2001 - 2010》，《经济研究》2013 年第 12 期。

［117］王国刚：《国际贸易平衡理论为什么错了》，《光明日报》2013 年 1 月 4 日第 11 版。

［118］王国刚：《中国金融体系改革的总体构架和可选之策》，中国社会科学出版社 2015 年版。

［119］王国松、刘翚：《我国国际资本流动：直接投资与非直接投资影响因素的比较研究》，《经济理论与经济管理》2012 年第 10 期。

［120］王建：《虚拟资本主义时代的首场世界性战争：第三次欧战猜想》，载吴敬琏、刘鹤等主编：《走向"十三五"：中国经济新开局》，中信出版社 2016 年版。

［121］王建：《货币霸权战争——虚拟资本主义世界大变局》，新华出版社 2008 年版。

［122］王倩：《东亚经济体汇率的锚货币及汇率制度弹性检验——基于新外部货币模型的实证分析》，《国际金融研究》2011 年第 11 期。

［123］王伟光：《马克思主义政治经济学是坚持和发展马克思主义的必修课》，《经济研究》2016 年第 3 期。

［124］王新奎：《国际贸易与国际投资中的利益分配》，格致出版社、上海三联书店、上海人民出版社 2014 年版。

［125］王义中、金雪军：《人民币汇率定价机制研究：波动、失衡与升值》，浙江大学出版社 2012 年版。

［126］王泽填、姚洋：《人民币均衡汇率估计》，《金融研究》2008 年第 12 期。

［127］王子博：《国际资本流动冲击有利于经济增长吗》，《统计研究》2015 年第 7 期。

［128］魏尚进：《中国金融改革顺序》，《资本市场》2013 年第 9 期。

［129］吴信如、潘英丽：《美元汇率与美国国际投资头寸》，《华东师范大学学报》（哲学社会科学版）2011年第6期。

［130］伍戈、曹红钢：《中国的结构性通货膨胀研究——基于CPI与PPI的相对变化》，《金融研究》2014年第6期。

［131］项卫星、王达：《国际资本流动格局的变化对新兴市场国家的冲击——基于全球金融危机的分析》，《国际金融研究》2011年第7期。

［132］肖红叶、王莉、胡海林：《人民币均衡汇率决定机制及其影响因素的作用分析——基于行为均衡汇率估算模型分析技术改进的研究》，《统计研究》2009年第3期。

［133］谢建国、张炳男：《人口结构变化与经常项目收支调整：基于跨国面板数据的研究》，《世界经济》2013年第9期。

［134］谢平、邹传伟：《中国金融改革思路：2013－2020》，中国金融出版社2013年版。

［135］邢毓静、曾园园：《人民币国际化的新进展》，《中国金融》2015年第16期。

［136］徐建炜、田丰：《中国行业层面实际有效汇率测算：2000～2009》，《世界经济》2013年第5期。

［137］徐建炜、徐奇渊、黄薇：《央行的官方干预能够影响实际汇率吗?》，《管理世界》2011年第2期。

［138］徐建炜、杨盼盼：《理解中国的实际汇率：一价定律偏离还是相对价格变动?》，《经济研究》2011年第7期。

［139］徐奇渊、刘力臻：《人民币国际化进程中的汇率变化研究》，中国金融出版社2009年版。

［140］徐晟、韩建飞、曾李慧：《境内外人民币远期市场联动关系与波动溢出效应研究》，《国际金融研究》2013年第8期。

［141］徐迎风：《现行国际货币体系下主要货币汇率对购买力平价的偏离》，载潘英丽等：《国际货币体系未来变革与人民币国际化》，格致出版社、上海人民出版社2014年版。

［142］许家云、佟家栋、毛其淋：《人民币汇率、产品质量与企

业出口行为——中国制造业企业层面的实证研究》，《金融研究》2015年第3期。

［143］许伟：《抓住有利时机进一步完善汇率形成机制》，中国经济时报，2014年7月18日。

［144］杨长江、皇甫秉超：《人民币实际汇率和人口年龄结构》，《金融研究》2010年第2期。

［145］杨长江、钟宁桦：《购买力平价与人民币均衡汇率》，《金融研究》2012年第1期。

［146］杨子晖、陈创练：《金融深化条件下的跨境资本流动效应研究》，《金融研究》2015年第5期。

［147］易纲、张帆：《宏观经济学》，中国人民大学出版社2008年版。

［148］易纲：《改革开放三十年来人民币汇率体制的演变》，载《中国金融改革思考录》，商务印书馆2009年版。

［149］易纲：《通过汇率变化平衡国际收支》，《经济参考报》2014年1月13日。

［150］易纲：《抓住机遇、防范风险，以平常心看待企业"走出去"》，北京大学国家发展研究院中国宏观经济中心，《CRMC中国经济观察》第30次季度报告，2012年7月。

［151］由曦：《金改进入深水区》，《财经》2013年第36期。

［152］余淼杰、王雅琦：《人民币汇率变动与企业出口产品决策》，《金融研究》2015年第4期。

［153］余永定：《应暂停出台人民币国际化新政策》，《第一财经日报》2011年12月15日。

［154］余永定：《再论人民币国际化》，《国际经济评论》2011年第5期。

［155］余永定：《资本管理和资本项目自由化的国际新动向》，《国际经济评论》2012年第5期。

［156］元惠萍：《国际货币地位的影响因素分析》，《数量经济技术经济研究》2011年第2期。

[157] 袁申国、陈平、刘兰凤：《汇率制度、金融加速器和经济波动》，《经济研究》2011 年第 1 期。

[158] 翟晓英、刘维奇：《中国经济账户失衡问题研究——基于金融发展程度—消费—经常账户路径》，《国际金融研究》2012 年第 8 期。

[159] 张斌、徐奇渊：《汇率与资本项目管制下的人民币国际化》，《国际经济评论》2012 年第 4 期。

[160] 张斌、王勋、华秀萍：《中国外汇储备的名义收益率和真实收益率》，《经济研究》2010 年第 10 期。

[161] 张斌：《加快实现既定的人民币汇率形成机制改革目标》，《新金融评论》2014 年第 3 期。

[162] 张斌：《中国对外金融的政策排序——基于国家对外资产负债表的分析》，《国际经济评论》2011 年第 2 期。

[163] 张斌：《中国汇改下一步》，英国《金融时报》中文网，2014 年 2 月 11 日。

[164] 张伯伟、任希丽：《全球失衡、金融危机及其前景分析》，《南开学报》（哲学社会科学版）2013 年第 1 期。

[165] 张纯威：《中国发生资本流入急刹车的可能性及其防范》，《国际金融研究》2012 年第 9 期。

[166] 张光平：《货币国际化程度度量的简单方法和人民币国际化水平的提升》，《金融评论》2011 年第 3 期。

[167] 张明、何帆：《人民币国际化进程中在岸离岸套利现象研究》，《国际金融研究》2012 年第 10 期。

[168] 张明：《人民币国际化：政策、进展、问题与前景》，《金融评论》2013 年第 2 期。

[169] 张明：《人民币国际化的最新进展与争论》，《经济学动态》2011 年第 12 期。

[170] 张明：《人民币汇率升值：历史回顾、动力机制与前景展望》，《金融评论》2012 年第 2 期。

[171] 张明：《中国国际收支双顺差：演进前景及政策涵义》，

《上海金融》2012 年第 6 期。

[172] 张晓莉、刘啟仁：《汇率弹性、货币篮设计与政策实效分析》，《经济研究》2011 年第 11 期。

[173] 张勇：《热钱流入、外汇冲销与汇率干预——基于资本管制和央行资产负债表的 DSGE 分析》，《经济研究》2015 年第 7 期。

[174] 赵胜民、谢晓闻、方意：《人民币汇率定价权归属问题研究：兼论境内外人民币远期外汇市场有效性》，《经济科学》2013 年第 4 期。

[175] 中共中央宣传部：《习近平总书记系列重要讲话读本》，学习出版社、人民出版社 2016 年版。

[176] 中共中央宣传部：《习近平总书记系列重要讲话读本》，学习出版社，人民出版社 2014 年版。

[177] 中国人民大学国际货币研究所：《2013 人民币国际化报告》，中国人民大学出版社 2013 年版。

[178] 中国人民大学国际货币研究所：《人民币国际化报告 2015：“一带一路”建设中的货币战略》，中国人民大学出版社 2015 年版。

[179] 中国人民银行金融研究所：《人民币汇率形成机制改革回顾与展望》，中国人民银行官方网站，2011 年 10 月 11 日。

[180] 周晴：《三元悖论原则：理论与实证研究》，中国金融出版社 2008 年版。

[181] 周小川、谢平等：《走向人民币可兑换》，经济管理出版社 1993 年版。

[182] 周小川：《金融改革发展及其内在逻辑》，《中国金融》2015 年第 19 期。

[183] 周小川：《全面深化金融业改革开放　加快完善金融市场体系》，《人民日报》2013 年 11 月 28 日。

[184] 周小川：《人民币资本项目可兑换的前途和路径》，《金融研究》2012 年第 1 期。

[185] 周阳、唐齐鸣：《估计汇率形成机制的一种新方法：以人民币汇率为例》，《国际金融研究》2011 年第 11 期。

［186］周沅帆：《离岸（香港）人民币债券》，中信出版社 2013 年版。

［187］佐藤清隆等：《行业层面实际有效汇率：日本与中国的比较研究》，《世界经济》2013 年第 5 期。

［188］Alberola E. , S. Cervero, H. Lopez, A. Ubide（1999），"Global Equilibrium Exchange Rates：Euro, Dollar, 'Ins', 'Outs' and Other Major Currencies in a Panel Cointegration Framework", IMF Working Paper, 99 - 175.

［189］Augulsto Lopez - Claros, Michael E. Porter and Klaus Schwab, "The Global Competiveness Report 2006 - 2007".

［190］Bénassy - Quéré, Y. Forouheshfar（2015）, "The Impact of Yuan Internationalization on the Stability of the International Monetary System", Journal of International Money and Finance, 57：115 - 135.

［191］Bénétrix P. Lane, and J. Shambaugh（2015）, "International Currency Exposures, Valuation Effects, and the Global Financial Crisis", NBER Working Paper No. 20820.

［192］C. Shu, D. He, X. Cheng（2015）, "One Currency, Two Markets：The Renminbi's Growing Influence in Asia - Pacific", China Economic Review, 33：163 - 178.

［193］Charles Engel（2009）, "Exchange Rate Policies", Staff Papers, Federal Reserve Bank of Dallas.

［194］Cheung Y. , D. Menzie, E. Fujii（2009）, "China's Current Account and Exchange Rate", NBER Working Papers 14673.

［195］Cheung Y. , M. Chinn and E. Fujii（2007）, "The Overvaluation of Renminbi Undervaluation", Journal of International Money and Finance, 26：762 - 785.

［196］Cheung Y. , M. Chinn, E. Fujii（2009）, "Pitfalls in Measure Exchange Rate Misalignment：The Yuan and Other Currencies", Open Economies Review, 20：183 - 206.

［197］Cheung Y. , M. Chinn, E. Fujii（2010）, "Measuring Renminbi

Misalignment: Where Do We Stand?", Korea and the World Economy, 11: 263 – 296.

[198] Cheung, Yin – Wong, Menzie D. Chinn, Eiji Fujii (2010), "Measuring Renminbi Misalignment: Where Do We Stand?", Korea and the World Economy, 11: 263 – 296.

[199] Chinn M. (2000), "Before the Fall: Were East Asian Currencies Overvalued?", Emerging Markets Review, 1: 101 – 126.

[200] Clark, Peter, R. Macdonald (1998), "Exchange Rates and Economic Fundamentals: A Methodological Comparition of FEERs and BEERs", IMF Working Paper, p. 67.

[201] Cline W. , J. Williamson (2010), "Notes on Equilibrium Exchange Rates: January 2010", Policy Brief PB10 – 2 , Peterson Institute for International Economics.

[202] Cline W. , J. Williamson (2011), "Estimates of Fundamental Equilibrium Exchange Rates", Peterson Institute for International Economics, Policy Brief No. 11 – 15, May.

[203] Dornbusch R. (1987), "Purchasing Power Parity", New Palgrave Dictionary of Economics, Stockton Press, New York, 3: 1075 – 1085.

[204] Dunaway S. , Leigh L. and Li X. (2009), "How Robust are Estimates of Equilibrium Real Exchange Rate: The Case of China", Pacific Economic Review, 14 (3): 297 – 311.

[205] Engel (2005), "Macroprudential Policy in a World of High Capital Mobility: Policy Implications from an Academic Perspective", NBER Working Paper, No. 20951.

[206] Engel C. (1999), "Accounting for U. S. Real Exchange Rate Changes", Journal of Political Economy, 107: 507 – 538.

[207] Engel C. (2009), "Exchange Rate Policies", Staff Papers, Federal Reserve Bank of Dallas, Issue Nov.

[208] Engel C. (2011), "Currency Misalignments and Optimal Mo-

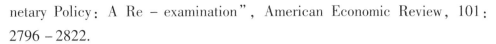

netary Policy: A Re – examination", American Economic Review, 101: 2796 – 2822.

[209] Fernández, M. Klein, A. Rebucci, M. Schindler, M. Uribe (2015), "Capital Control Measures: A New Dataset", NBER Working Paper No. 20970.

[210] Francis J. (2014), "Gavin, Gold, Dollars, and Power: The Politics of International Monetary Relations, 1958 – 1971", The University of North Carolina Press.

[211] Frankel J. (2009), "New Estimation of China's Exchange Rate Regime", Pacific Economic Review (Wiley), Special Issue, "China's Impact on the Global Economy", edited by M. China.

[212] Frankel, Jeffery (2006), "On the Yuan: The Choice between Adjustment under a Fixed Exchange Rate and Adjustment under a Flexible Rate", Cesifo Economic Studies, 52 (2): 246 –275.

[213] Friedman M. (1953), "Essays in Positive Economics", University of Chicago Press.

[214] Gino Cenedese, Thomas Stolper (2012), "Currency Fair Value Models", in Jessica James, Ian W. Marsh, Lucio Sarno, editors, Handbook of Exchange Rates, Chapter 11, pp. 313 – 342, John Wiley & Sons. , Inc.

[215] Guonan Ma, Robert N. McCauley (2011), "The Evolving Renminbi Regime and Implications for Asian Currency Stability", Journal of the Japanese and International Economics, 25: 23 – 38.

[216] H. Ito, R. N. McCauley and T. Chan. (2015), "Currency Composition of Reserves, Trade Invoicing and Currency Movements", Emerging Markets Review, 25: 16 – 29.

[217] IMF (2016), "Methodology for CGER Exchange Rate Assessments", Washington, DC: International Monetary Fund.

[218] Ito, Takatoshi. , Satoshi Koibuchi, Kiyotaka Sato, and Junko Shimizu (2010), "Why the Yen Failed to Become a Dominant Invoicing Currency in Asia? A Firm – Level Analysis of Japanese Exporters' Invoicing

Behavior", NBER Working Paper No. 6231.

　　[219] J. Aizenman (2015), "The Internationalization of the RMB, Capital Market Openness, and Financial Reforms in China", NBER Working Paper No. 20943.

　　[220] J. Frankel (2015), "China Is Not yet Number One", Frontiers of Economics in China, 1: 1 − 6.

　　[221] Juselius K. , R. MacDonald (2000), "Interest Rate and Price Linkages between the U. S. A and Japan: Evidence from the Post − Bretton Woods Period", Discussion Papers 00 − 13, University of Copenhagen. Department of Economics.

　　[222] K. Forbes, M. Fratzscher and R. Straub (2015), "Capital Controls and Macroprudential Measures: What Are They Good for?", NBER Working Paper No. 20860.

　　[223] Kevin P. Gallagher, Stephany Griffith − Jones, Jose Antonio Ocampl (2012), "Capital Account Regulations for Stability and Development: A New Approach".

　　[224] Maurice Obstfeld, Kenneth Rogoff (1996), "Foundation of International Macroeconomics", Massachusetts Institute of Technology.

　　[225] Maziad S. , Kang, J. K. (2012), "RMB Internationalization: Onshore/Offshore Links", IMF Working Paper, WP/12/133.

　　[226] Nelson M. , D. Choi (1997), "Real Exchange Rate Prediction over Long Horizons", Journal of International Economics, 43: 29 − 60.

　　[227] Obstfeld, Maurice (2016), "The Renminbi's Dollar Peg at the Crossroads", CEPR Discussion Papers 5771, C. E. P. R. Discussion Papers.

　　[228] Ostry J. , A. Ghosh, M. Chamon (2012), "Two Targets, Two Instruments: Monetary and Exchange Rate Policies in Emerging Market Economies", IMF Staff Discussion Note, SDN/12/01.

　　[229] Ostry J. et al. (2012), "Managing Capital Inflows: What

Tools to Use?", IMF Staff Discussion Note, SDN/11/06.

[230] Park C. Yung, Song Chi – Yong (2011), " RMB Internation-alization: Prospects and Implications for Economic Integration in East A-sia", Asian Economic Papers, 10(3): 42 –72.

[231] Paul R. Krugman, Maurice Obstfeld, Marc J. (2015), "Melitz: International Finance : Theory and Policy (10e)", Pearsonl Edu-cation.

[232] Perter Newman, Murray Milgate, John Eatwell (1992), "The New Palgrave Directionary of Money and Finance", Macmillan Press Limited.

[233] Peter B. Clark, Ronald. Macdonald (1998), " Exchange Rates and Economic Fundamentals: A Methodological Comparition of FEERs and BEERs", IMF Working Paper, p. 67.

[234] Q. He, I. Korhonen, J. Guo, and F. Liu (2015), "The Geographic Distribution of International Currencies and RMB Internationali-zation", BOFIT Discussion Paper No. 20/2015 .

[235] Ricardo J. Caballero & Emmanuel Farhi (2013), " A Model of the Safe Asset Mechanism (SAM): Safety Traps and Economic Policy", NBER Working Papers 18737, National Bureau of Economic Research, Inc.

[236] Richard Caves, Ronald Jones, Jeffrey A. Frankel (2007), "World Trade and Payments: An Introduction (Tenth edition)", Addison Wesley Longman: Boston MA.

[237] Richard E. Caves, Jeffery A. Frankel, Ronald W. Jones, "World Trade and Payments: An Introduction (10e)", Pearsonl Educa-tion.

[238] Robert McCauley, "Renminbi Internationalization and China's Financial Development", http: //www. bis. org/publ/qtrpdf/r_ qt1112f.pdf, 2011 –12.

[239] Rogoff K. (1996), "The Purchasing Power Parity Puzzle", J. Econ. Lit. 34 (2): 647 –668.

[240] "Rudiger Dornbusch, Stanley Fishcer, Richard Startz: Macro-

economics（12e）", Mc Graw – Hill Education.

［241］X. Xu, S. Wu, Y. Wu（2015）, "The Relationship between Renminbi's Exchange Rate and East Asia Currencies before and after the Financial Crisis",China Finance Review International,5（1）, 34 – 52.

［242］Yin – Wong Cheung（2012）, "Exchange Rate Misalignment – the Case of the Chinese Renminbi", CESifo Working Paper Series 3797.